R
EADING

スタートライン

TOEIC® L&Rテスト
リーディング
解き方の
スタートライン

中村信子・山科美智子 著

*L & R means LISTENING AND READING.
TOEIC is a registered trademark of Educational Testing Service(ETS).
This publication is not endorsed or approved by ETS.

スリーエーネットワーク

Published by 3A Corporation

Trusty Kojimachi Bldg., 2F, 4, Kojimachi 3-Chome, Chiyoda-ku, Tokyo 102-0083, Japan

ISBN 978-4-88319-877-1

First published 2021
Printed in Japan

はじめに

　数ある書籍の中から『TOEIC® L & R テスト リーディング 解き方のスタートライン』を手に取ってくださってありがとうございます。

　早速、次の問題をご覧ください。

1. The Lanai Museum ------- a special guided tour next week.

    (A) offers

    (B) offered

    (C) will offer

    (D) offering

　問題を解いた後は、答え合わせ？　解説を読む？　その前に！　カッコ内から適切な表現を選ぶ下のクイズに進んでみましょう。これが本書の特徴 (ナビクイズ) です。

　選択肢には (名詞・動詞) のさまざまな形が並んでいる。文中の時間表現を探してみよう。文末にある next week は (現在・過去・未来) を表す。時間をそろえて (現在形・過去形・未来形) の ((A)・(B)・(C)・(D)) を選ぼう。

　解説を完成させながら「正解ルート」が見つかりましたか？　自信を持って、答えを選べましたか？

自力で成長する学び

　私たちの授業では、学生たちが自分で解説をします。「自分で説明すると忘れない」「考え方まで正解だとうれしい」と言いながら、正答率も上がっていきます。自力で成長する学びを皆さまにもお届けしたい！その思いからナビクイズが生まれました。

確実に正解する

　TOEICの全ての問題には「正解ルート」が隠れています。ヒントを見逃し、勘に頼ってさまよっていませんか？　各Unitの解説ではヒントの探し方からご案内します。基本を押さえ、確実な正解ルートを見つけましょう。

「なぜその答えになるのか」考え方が分かれば迷わない

　「迷って」「たまたま」選んだ正解を「当たった！」と言っていませんか？　ナビクイズにはあいまいな知識を修正する効果もあるので、もう迷いません。

文法が分かる、単語が分かる

　基本文法の解説に加えて、TOEIC重要語句を数多く掲載しています。文法と語彙を強化しましょう。

　本書の執筆にあたり、刊行の機会をくださったスリーエーネットワークさん、編集を一手に引き受けてご尽力くださった株式会社エンガワの新城さん、問題を作成してくださったロス・タロックさん、ナビクイズの効果を確認してくださった学生の皆さま、いつも支えてくださる講師仲間の皆さまに、この場を借りて御礼申し上げます。

　本書は「外付け」ナビとしてスタートしますが、次第に脳内の「内蔵ナビ」へと変化して、皆さまをサポートし続けます。皆さまのスコアアップを心より願っています。

中村信子

山科美智子

Contents 目次

本書の構成と使い方

❶ タイトル

それぞれのUnitで勉強する事項を示しています。

❷ ナビポイント3カ条

正解ルートを導くための重要なポイントが3つ書かれています。解説全体を読み終わってから、こちらで重要な文法事項や解き方を確認するのもオススメです。

品詞問題①

01 名詞

ナビポイント **3カ条**

> ● 選択肢の単語の語尾がバラバラ (-tion、-ate、-ive、-ly など) なら品詞を問う問題だよ。
> ● 文の主語、目的語の部分が空所なら名詞が入るよ。
> ● 不可算名詞は常に単数形だよ。

01 では名詞について学びましょう。名詞は、主語として文の主役にもなれますし、補語や目的語として脇役にもなれます。

名詞の見分け方

選択肢に、同じつづりで始まって語尾がバラバラな単語が並んでいる場合は、品詞を問う問題です。例えば、creation、create、creative、creativelyという4つの選択肢が並んでいるとき、品詞は語尾に注目すると見分けやすくなります。語尾の -tion を見るだけで creation が名詞だと分かります。まず名詞の語尾となる主なものを見ていきましょう。

語尾	単語例	語尾	単語例
-tion	condition (状態) information (情報)	-a(e)nce	finance (財政) evidence (証拠)
-sion	decision (決定) permission (許可)	-ness	kindness (親切さ) business (仕事)
-ment	argument (議論) equipment (機器)	-cy	frequency (頻度) policy (方針)
-ty	capacity (容量) safety (安全)	-er/-or	employer (雇用主) director (取締役)
-th	health (健康) wealth (富)	-ee	employee (従業員) trainee (研修生)

＊名詞には可算名詞と不可算名詞があります。

可算名詞 ：数えられる名詞　● 複数になると -s か -es が付きます。
＊ every employee (every + 単数名詞)　all employees (all + 複数名詞)

不可算名詞：数えられない名詞　● 常に単数形で使います。
具体的な形を持たない名詞　information (情報)、growth (成長)、importance (重要性)
グループ化された名詞　equipment (機器)、luggage (荷物)、furniture (家具)

名詞が入る場所

文の中で主語と目的語になれるのは名詞です。空所が主語か目的語の位置なら名詞を選びましょう。
名詞の前には冠詞が付くことが多いので、冠詞があったら名詞が来るという目印になります。

① 文は主語・動詞がないと成り立ちません。主語の後には動詞が来ます。つまり、空所の後に動詞が来たら、空所に入るものは主語の役割をする名詞です。

　------ ＋動詞　　　　　Sales increased. (売り上げが伸びた)

② 他動詞は目的語を必要とします。他動詞の後が空所なら目的語の役割をする名詞が入ります。

　他動詞＋ ------　　　　They discussed safely. (彼らは安全に話し合った)

③ 名詞の前には冠詞 a、an、the のいずれかが付くことが多くあります。冠詞の後には名詞が来ます。

　冠詞＋ ------　　　a coworker (同僚) /an employee (従業員) /the development (開発)

④ 所有格の代名詞 my、our、your、his、her、its、their の後には名詞が来ます。

　所有格の代名詞＋ ------　　　his employer (彼の雇用主) /our company (私たちの会社)

⑤ 前置詞の後には名詞が来ます。

　前置詞＋ ------　　　under construction (建設中で) /in the office (オフィスの中で)

⑥ 冠詞と前置詞の間には名詞が来ます。

　冠詞＋ ------ ＋前置詞　　　the decision of the president (社長のその決定)

＊冠詞や所有格の代名詞の後には必ず名詞が来ますが、間に形容詞や副詞＋形容詞が入っている場合もあります (32ページ)。

ナビクイズ　**Part 5の例題にチャレンジ！**
( ) 内の選択肢から、正しい方を選んで囲みましょう。

------ must be obtained from the office manager.
　　②

(A) Permissive
(B) Permission
(C) Permitted
(D) Permissible

①まず選択肢を見る。選択肢の(語頭・語尾)から(同じ・異なる)品詞が並んでいると分かる。文頭に空所があり、②次に must be obtained という動詞のかたまりがあるので、②空所には(主語・補語)の(名詞・形容詞)が入ると推測できる。それぞれの選択肢の(語頭・語尾)を見ると、((A)・(B)・(C)・(D))が正解だ。

解説 ①まず選択肢を見る。選択肢の(語頭・語尾)から(同じ・異なる)品詞が並んでいると分かる。文頭に空所があり、②次に must be obtained という動詞のかたまりがあるので、②空所には(主語・補語)の(名詞・形容詞)が入ると推測できる。それぞれの選択肢の(語頭・語尾)を見ると、((A)・(B)・(C)・(D))が正解だ。
(A) Permissive 形 寛大な　(B) Permission 名 許可　(C) Permitted 動 許可した (過去形)、許可された (過去分詞)
(D) Permissible 形 許される

訳 許可は事務所長から得られなければいけない。 ＊permission は不可算名詞だ。

12　　　13

---

❸ 解説

各Unitの重要な文法事項や問題の解き方を説明しています。例文に使われている単語や語句もTOEIC頻出のものばかりですから、意味も含めて覚えましょう。★印は重要な補足事項、＊印は表の中や例文への補足事項を示します。

❹ ナビクイズ例題

TOEIC形式の問題を解いていきます。まず自分で問題を解いてみた後、選択肢の右側に書かれているナビに従って選択問題を解きながら正解ルートをたどりましょう。数字の順番通りに問題文を見ながら、カッコの中の選択肢の正しいものを○で囲んで進んでいくと、正解にたどり着きます。

❺ ナビクイズ解説と訳

ナビクイズの正解が○で囲まれていますので、自分の答えが正しいかチェックしましょう。正解を選べなかった場合や、正解は選べたけれど途中のルートを間違えていたという場合は、もう一度ルートをチェックして抜けていた文法事項を確認しましょう。選択肢と文の訳もチェックしておきましょう。

本書はUnit単位でTOEICに必要な文法事項や解き方を学んだ上で、「TOEIC形式の問題」と正解に至る
ルートを確認する「ナビクイズ」を解くように構成されています。

❻ ナビクイズ

各Unitの内容に沿ってTOEIC形式のナビクイズが用意されています。Unit1~11はPart 5の問題が各4題、Unit12~18はPart 5、6、7の問題が出題されています。解説で学んだ文法知識や解き方の知識を使ってまず自分で問題を解き、その後右側のナビクイズを解きながら正解ルートを確認していきましょう。

ナビクイズの解き方

（　）内の選択肢から、正しい方を丸で囲んで、正解ルートを完成させます。
例：（名詞・動詞）

ナビクイズ | Part 5の問題にチャレンジ！

1. ------- is very important for people working in the advertising industry.

(A) Creative
(B) Creativity
(C) Creatively
(D) Create

クイズ
まず選択肢を見る。(A) ~ (D) には品詞を（変える・変えない）語尾が付いているので（動詞の形・品詞）の問題。空所後に動詞isがあるので、文頭の空所には（主語・修飾語）の（名詞・形容詞）が入る。（名詞・形容詞）の（語頭・語尾）を持つ ((A)・(B)・(C)・(D)) が正解。

2. Mr. Jones hired an ------- to help him with his busy schedule.

(A) assistance
(B) assist
(C) assistant
(B) assisted

クイズ
選択肢の（語頭・語尾）から、(同じ・異なる) 品詞が並んでいると分かる。空所前には（名詞・形容詞）に付ける冠詞のanがあるので、（名詞・形容詞）を選ぼう。anは数えられ（る・ない）場合に使うので、選択肢にある2つの（名詞・形容詞）のうち、適切なのは ((A)・(B)・(C)・(D))。

3. Harmon Inc. ensures ------- by conducting regular surveys.

(A) satisfaction
(B) satisfy
(C) satisfactory
(D) satisfied

クイズ
選択肢に (同じ・異なる) 品詞が並んでいる問題では、空所前後を確認しよう。空所前に（名詞・動詞）ensures、空所後に前置詞byがある。空所には（修飾語・目的語）となる（名詞・形容詞）が必要。（名詞・形容詞）の語尾が付いている ((A)・(B)・(C)・(D)) が正解。

4. Every ------- is marked on the office calendar.

(A) appointment
(B) appoint
(C) appointing
(D) appointed

クイズ
選択肢に (同じ・異なる) 品詞が並んでいる問題。空所前に（動詞・名詞）に付く目印every、空所後に動詞のかたまりis markedがある。この空所には（修飾語・主語）となる（副詞・名詞）を選ぼう。（副詞・名詞）の語頭・語尾）が付いている ((A)・(B)・(C)・(D)) が正解。

Words & Phrases

1. important 形重要な　advertising industry 広告業界
2. hire 動 ~を雇う

Words & Phrases

3. ensure 動 ~を保証する　conduct 動 ~を実施する　regular 形 定期的な
survey 名 調査
4. mark 動 ~に印を付ける

● 解答・解説は131ページ

---

❼ Words & Phrases

ナビクイズに含まれている単語や語句の品詞と意味をまとめています。問題を解く際にこちらを参照しながら解いても構いません。TOEICに頻出のものばかりですので、知らなかったものは覚えましょう。

❽ 解説

ナビクイズの解答と解説が分かりやすいビジュアル形式で示されています。問題を解くときに見るべき順番が数字で示され、大事なヒントが青字で書かれていますので、よく確認してください。知っておくといい STEP UP 情報もあります。選択肢の品詞と訳、文全体の訳も示されています。

❾ インデックス

ページの右側にもUnitごとにタイトルが示されています。もし自分の不得意な分野から勉強したいという場合は、こちらで学びたい事項のタイトルを探して、そのページから始めても構いません。

基本文法と品詞

　TOEICリーディング問題を解くためには、基本的な文法の理解が必要です。「文法」と聞くと、何か堅苦しい難しいもの、というイメージがあるかもしれません。しかし、文法は分かってくると結構楽しいものなのです。ここでは、文法のルールをより分かりやすくするために、演劇に例えてみようと思います。

　「演劇」を作るためには、たくさんの劇団員たちが、座長（舞台のリーダー）、主役、脇役、装飾係などに分かれてそれぞれの役割を果たしながら、舞台を作り上げています。皆が主役をやりたがったり、バラバラに動いたりしたら、演劇は成り立ちません。劇団員たちは誰が何の役をすればいいか、決められたルールに従って動いています。それと同じように、英語では「文」という舞台を作るために、「単語」というたくさんの劇団員たちがそれぞれの役割を分担しているのです。どの単語が何の役割をすればいいかは、文法というルールによって決められています。ここでは「文」という舞台の構成要素と、その舞台を作っている「単語」について見ていきましょう。

　「文」は、主語 (S)、動詞 (V)、目的語 (O)、補語 (C)、修飾語 (M) の5つの構成要素からできています。主語は動作をする人やものを表し、動詞は動作や状態を表し、目的語は動作の対象を表し、補語は主語や目的語に説明を補い、修飾語は語句や文を飾り付けます。

　演劇の劇団員たちの役割にあてはめると、以下のようになります。

「文」という 舞台の構成要素	演劇に例えると担当する役割は？	どの単語が演じる？
主語　　(S)	主役（メインキャラクター）	名詞・代名詞
動詞　　(V)	座長（リーダーとして舞台の構成を決める）	動詞
目的語 (O)	脇役（座長に呼ばれたら出演）	名詞・代名詞
補語　　(C)	脇役（座長に呼ばれたら出演）	名詞・代名詞・形容詞
修飾語 (M)	舞台装飾（なくても舞台は成り立つ）	形容詞・副詞

　役割が分かったところで、今度は誰がその役割を演じていくのかを見てみましょう。（上の表では一番右側の列に書かれています。）もちろん「単語」がそれぞれの役割を演じながら「文」を作っていくわけですが、それぞれの「単語」にはラベルが貼られています。「品詞」というラベルです。単語は品詞でラベル分けされて、どの役割を演じればいいか決められているのです。この「品詞」のラベルは主に10種類あります。

品詞：単語に付けられたラベル（文の中での役割を分類したもの）

	品詞	定義	役割
1	名詞	もの、ことの名前を表す詞	主語、目的語、補語になる
2	動詞	動作や状態を表す詞	述語になる
3	形容詞	ものの様子や状態を形容する詞	補語になる、名詞を修飾する
4	副詞	動詞などを修飾する副え詞	名詞以外を修飾する
5	代名詞	名詞の代わりになる詞	主語、目的語、補語になる
6	助動詞	動詞を助ける詞	動詞の補助をする
7	前置詞	名詞の前に置かれる詞	語句のかたまりをつくる
8	冠詞	名詞の前に置かれる冠の詞	名詞の単複、特定、不特定を表す
9	接続詞	語句や節を接続する詞	語句と語句、節と節を接続する
10	間投詞	文頭で感情を投げかけて表す詞	感情の強調を表す

　では、この10種類の「品詞」ラベルを詳しく見ていきましょう。

　「文」という舞台で実質的に内容を表す重要な役割をする品詞は名詞、動詞、形容詞、副詞です。

　名詞はマルチタレントで、主語として主役にもなれれば、目的語や補語として脇役を演じることもできます。動詞は舞台の構成を牛耳っている座長です。脇役である目的語や補語を次に出演させるかさせないかを決めているのです。形容詞は脇役として補語になるか、名詞を修飾する修飾語になるか、どちらかです。副詞は修飾語にしかなれません。主役や脇役になることはできず、舞台装飾を専門に担当しているのです。

　一方、代名詞、助動詞、前置詞、冠詞、接続詞、間投詞は、単語と単語の関係を結んだり、情報を付け足したり、強調したりする役割を担います。

では、実際にこれらの品詞はどのように「文」という舞台上で、それぞれの役割を果たしていくのでしょうか？
3種類の例を見てみましょう。

例1　動詞がworkの場合（主語＋動詞）

①名詞 employees、動詞 work、副詞 diligently の3単語が舞台袖に待機。

②動詞 work が型を決める。work は主語と動詞さえあれば文ができるので、主語になる名詞 employees を連れて舞台に登場。主語だけを必要とする動詞を自動詞と呼びます。

③Employees　work.（従業員たちは働く）
　　主語（S）　動詞（V）

④舞台装飾（副詞 diligently）追加。

　Employees work diligently.（従業員たちは一生懸命働く）

例2　動詞がisの場合（主語＋動詞＋補語）

①名詞 supervisor、動詞 is、形容詞 capable、副詞 very、冠詞 the の5単語が舞台袖に待機。

②動詞 is が型を決める。動詞 is はイコールの意味を持つので、主語になる名詞 supervisor と、主語がどういう性質かを表す形容詞 capable を連れて舞台に登場。

③名詞 supervisor に冠詞 the を付けて主語とし、形容詞 capable を補語として配置。

④The supervisor　is　capable.（その上司は有能だ）
　　主語（S）　動詞（V）　補語（C）

⑤舞台装飾（副詞 very）を追加。

　The supervisor is very capable.（その上司はとても有能だ）

例3　動詞がsendの場合（主語＋動詞＋目的語）

①名詞 managers、e-mails、動詞 send、副詞 quickly の4単語が舞台袖で待機。

②動詞 send が型を決める。send は主語と目的語が必要なので、2つの名詞 managers と e-mails を連れて舞台へ登場。主語と目的語を必要とする動詞を他動詞と呼びます。

③主語は動作主である managers を選ぶ。

④名詞の e-mails を目的語として配置。

⑤Managers　send　e-mails.（マネジャーはEメールを送る）
　　主語（S）　動詞（V）　目的語（O）

⑥舞台装飾（副詞 quickly）を追加。

　Managers send e-mails quickly.（マネジャーはEメールを素早く送る）

このように、それぞれの品詞ラベルが付いた単語は、適材適所に配置され、それぞれの役目をはたして「文」を作り上げていくのです。

　「文」の形 = 文型は5種類あります。

　①主語＋動詞（ＳＶ）、②主語＋動詞＋補語（ＳＶＣ）③主語＋動詞＋目的語（ＳＶＯ）

　④主語＋動詞＋目的語＋目的語（ＳＶＯＯ）⑤主語＋動詞＋目的語＋補語（ＳＶＯＣ）の5つです。

　全ての文型には主語（Ｓ）と動詞（Ｖ）が含まれ、動詞の性質によって文型が決まります。

　ところで、この「文」という言葉ですが、本書では、「文」以外に「節」「句」という言葉も使われています。それぞれの違いをここで説明しておきます。

　文：文頭から最後のピリオドやクエスチョンマークまで含めた全て

　節：主語＋動詞を含むかたまり

　句：主語＋動詞を含まないかたまり

　例文を見ていきましょう。

　"Mr. Jones called his client when he arrived at the office."（ジョーンズさんはオフィスに到着したときに顧客へ電話をした）という文の中には2つの節が含まれています。

　節は① "Mr. Jones　called his client"（ジョーンズさんは 彼の顧客へ 電話をした）と
　　　　　　主語（S）　動詞（V）

　　　② "when　he　arrived at the office"（彼が オフィスに 到着した ときに）の2つです。
　　　　　　　　主語（S）　動詞（V）

　両方の節とも主語＋動詞を含んでいます。

　①は主節と呼ばれ、ピリオドを付ければ、これだけで文として成立します。

　②は従属節と呼ばれ、これだけでは文として成立しません。

　②は①の節を補足説明します。ここでは、2つの節が結合して1つの文が完成しているのです。

　句の例の1つとしては、"at the office"（オフィスに）があげられます。これは前置詞と名詞が結合してかたまりになったもので、主語＋動詞は含みません。

　「文」はこのように「節」や「句」を含んで成り立っているのです。

　さて、文の構成要素と品詞が分かったところで、これから各UnitでTOEICリーディング問題の解き方を解説していきます。各Unitには、文法説明の後にナビクイズが出題されています。ナビクイズは、TOEIC問題を解くための一番効率が良く確実な方法を導くために作られたクイズです。皆さんは選択問題のどれかに〇をつけて進んでいくことで、正解ルートを学び、確実に速く正解にたどり着くことができるようになります。

　さあ、早速ページをめくってみましょう！

01 品詞問題①
名詞

ナビポイント **3カ条**

- 選択肢の単語の語尾がバラバラ（-tion、-ate、-ive、-lyなど）なら品詞を問う問題だよ。
- 文の主語、目的語の部分が空所なら名詞が入るよ。
- 不可算名詞は常に単数形だよ。

01では名詞について学びましょう。名詞は、主語として文の主役にもなれますし、補語や目的語として脇役にもなれます。

名詞の見分け方

選択肢に、同じつづりで始まって語尾がバラバラな単語が並んでいる場合は、品詞を問う問題です。例えば、creation, create, creative, creativelyという４つの選択肢が並んでいるとき、品詞は語尾に注目すると見分けやすくなります。語尾の-tionを見るだけでcreationが名詞だと分かります。まず名詞の語尾となる主なものを見ていきましょう。

語尾	単語例	語尾	単語例
-tion	condition（状態）information（情報）	-a(e)nce	finance（財政）evidence（証拠）
-sion	decision（決定）permission（許可）	-ness	kindness（親切さ）business（仕事）
-ment	argument（議論）equipment（機器）	-cy	frequency（頻度）policy（方針）
-ty	capacity（容量）safety（安全）	-er/-or	employer（雇用主）director（取締役）
-th	health（健康）wealth（富）	-ee	employee（従業員）trainee（研修生）

★名詞には可算名詞と不可算名詞があります。

可算名詞　：数えられる名詞　＊複数になると-s か-esが付きます。
　　　　　　　　　　　　　　＊ every employee（every＋単数名詞）／all employees（all＋複数名詞）
不可算名詞：数えられない名詞　＊常に単数形で使います。
　　　　　具体的な形を持たない名詞　information（情報）、growth（成長）、importance（重要性）
　　　　　グループ化された名詞　　　equipment（機器）、luggage（荷物）、furniture（家具）

名詞が入る場所

文の中で主語と目的語になれるのは名詞です。空所が主語か目的語の位置なら名詞を選びましょう。

名詞の前には冠詞が付くことが多いので、冠詞があったら後に名詞が来るという目印になります。

① 文は主語＋動詞がないと成り立ちません。主語の後には動詞が来ます。つまり、空所の後に動詞が来ていたら、空所に入るものは主語の役割をする名詞です。

　　------- ＋動詞　　　　　　　Sales increased. (売り上げは伸びた)

② 他動詞は目的語を必要とします。他動詞の後が空所なら目的語の役割をする名詞が入ります。

　　他動詞＋ -------　　　　　　They discussed safety. (彼らは安全を話し合った)

③ 名詞の前には冠詞a、an、theのいずれかが付くことが多くあります。冠詞の後には名詞が来ます。

　　冠詞＋ -------　　　　　　　a coworker (同僚) /an employee (従業員) /the development (発展)

④ 所有格の代名詞my、our、your、his、her、its、theirの後には名詞が来ます。

　　所有格の代名詞＋ -------　　his employer (彼の雇用主) /our company (私たちの会社)

⑤ 前置詞の後には名詞が来ます。

　　前置詞＋ -------　　　　　　under construction (建設中で) /in the office (オフィスの中で)

⑥ 冠詞と前置詞の間には名詞が来ます。

　　冠詞＋ ------- ＋前置詞　　the decision of the president (社長のその決定)

★ 冠詞や所有格の代名詞の後には必ず名詞が来ますが、間に形容詞や副詞＋形容詞が入っている場合もあります（32ページ）。

ナビクイズ　Part 5の例題にチャレンジ！

（　）内の選択肢から、正しい方を丸で囲みましょう。

❸
------- must be obtained from the office manager.

(A) Permissive
(B) Permission
(C) Permitted
(D) Permissible

❶まず選択肢を見る。選択肢の (語頭・語尾) から (同じ・異なる) 品詞が並んでいると分かる。文頭に空所があり、❷次にmust be obtainedという動詞のかたまりがあるので、❸空所には (主語・補語) の (名詞・形容詞) が入ると推測できる。それぞれの選択肢の (語頭・語尾) を見ると、((A)・(B)・(C)・(D)) が正解だ。

解説　❶まず選択肢を見る。選択肢の (語頭・語尾) から (同じ・異なる) 品詞が並んでいると分かる。文頭に空所があり、❷次にmust be obtainedという動詞のかたまりがあるので、❸空所には (主語・補語) の (名詞・形容詞) が入ると推測できる。それぞれの選択肢の (語頭・語尾) を見ると、((A)・(B)・(C)・(D)) が正解だ。

(A) Permissive 形 寛大な　(B) Permission 名 許可　(C) Permitted 動 許可した (過去形)、許可された (過去分詞)
(D) Permissible 形 許される

訳　許可は事務所長から得られなければいけない。　※ permissionは不可算名詞だよ

Let's try

Part 5の問題にチャレンジ!

1. ------- is very important for people working in the advertising industry.

(A) Creative

(B) Creativity

(C) Creatively

(D) Create

クイズ

まず選択肢を見る。(A) ～ (D)には品詞を(変える・変えない)語尾が付いているので(動詞の形・品詞)の問題。空所後に動詞isがあるので、文頭の空所には(主語・修飾語)の(名詞・形容詞)が入る。(名詞・形容詞)の(語頭・語尾)を持つ((A)・(B)・(C)・(D))が正解。

2. Mr. Jones hired an ------- to help him with his busy schedule.

(A) assistance

(B) assist

(C) assistant

(B) assisted

クイズ

選択肢の(語頭・語尾)から、(同じ・異なる)品詞が並んでいると分かる。空所前には(名詞・形容詞)に付ける冠詞のanがあるので、(名詞・形容詞)を選ぼう。anは数えられ(る・ない)場合に使うので、選択肢にある2つの(名詞・形容詞)のうち、適切なのは((A)・(B)・(C)・(D))。

Words & Phrases

1. important 形 重要な　　advertising industry 広告業界

2. hire 動 ～を雇う

14

3. Harmon Inc. ensures ------- by conducting regular surveys.

(A) satisfaction

(B) satisfy

(C) satisfactory

(D) satisfied

選択肢に (同じ・異なる) 品詞が並んでいる問題では、空所前後を確認しよう。空所前に (名詞・動詞) ensures、空所後に前置詞byがある。空所には (修飾語・目的語) となる (名詞・形容詞) が必要。(名詞・形容詞) の語尾が付いている ((A)・(B)・(C)・(D)) が正解。

4. Every ------- is marked on the office calendar.

(A) appointment

(B) appoint

(C) appointing

(D) appointed

選択肢に (同じ・異なる) 品詞が並んでいる問題。空所前に (動詞・名詞) に付く目印every、空所後に動詞のかたまりis markedがある。この空所には (修飾語・主語) となる (副詞・名詞) を選ぼう。(副詞・名詞) の (語頭・語尾) が付いている ((A)・(B)・(C)・(D)) が正解。

Words & Phrases

3. ensure 動 ～を保証する　　conduct 動 ～を実施する　　regular 形 定期的な

survey 名 調査

4. mark 動 ～に印を付ける

▶▶ 解答・解説は131ページ

品詞問題②
動詞

raise
grow

ナビポイント **3カ条**

➤ 動詞は主語の数に合わせて形を変えるよ。

➤ 動詞が自動詞か他動詞かによって文の構成が決まるよ。

➤ 「主語＋ ------- ＋名詞」の場合、空所には他動詞が入るよ。

02では動詞について学びましょう。動詞は文の要。主語の後に付いて文を成立させ、文の構成を決めています。

動詞の見分け方

名詞と同じく多くの動詞も語尾で見分けることができます。動詞の語尾となる主なものを下の表で見てみましょう。

語尾	単語例	語尾	単語例
-fy	notify（通知する）satisfy（満足させる）	-en	lighten（照らす）widen（広くする）
-ize(-ise)	realize（実現する）advise（助言する）	-ate	educate（教育する）indicate（示す）

主述の一致

動詞の形は主語の数にそろえます。これを「主述の一致」と言います。be動詞と一般動詞を見てみましょう。

主語の数	動詞（現在形）	例
単数（-sなし）	be動詞 is	My colleague is friendly.（私の同僚は親しみやすい）
複数（-sあり）	be動詞 are	My colleagues are friendly.（私の同僚たちは親しみやすい）
単数（-sなし）	一般動詞 -s(-es)あり	My colleague sends an e-mail.（私の同僚はEメールを送る）
複数（-sあり）	一般動詞 -s(-es)なし	My colleagues send e-mails.（私の同僚たちはEメールを送る）

★一般動詞では、主語か動詞かどちらか片方に-sが付きます。

★There is/are ~.（～があります）の文では、be動詞の形は動詞の後に続く名詞の数にそろえます。

There is a problem.（a problemが単数→is）/There are problems.（problemsが複数→are）

自動詞と他動詞

動詞には自動詞と他動詞があります。また、自動詞にも他動詞にもなれる動詞もあります。
「自分でおしまい型」の自動詞、「他にも目的語を必要とする型」の他動詞、両方になれるタイプの3種類です。
それぞれの具体例と特徴を見ていきましょう。

動詞の種類	単語例	特徴
自動詞	occur（起こる） rise（上がる）	OK Some errors occur.（いくつかのエラーが起こる） 主語 ＋自動詞 ※目的語なし
他動詞	mention（〜に言及する） discuss（〜を議論する） suggest（〜を示唆する）	OK The employees discuss the problem. 主語 ＋他動詞 ＋目的語 ※目的語あり （従業員たちはその問題を議論する） NG The employees discuss. ※目的語がないと文が成立しない
自動詞にも 他動詞にも なれる	attend（出席する） conduct（指揮する） illustrate（説明する） inform（知らせる） issue（発行する）	OK The employees attend.（従業員たちは出席する） 主語 ＋自動詞 ※目的語なし OK The employees attend the meeting. 主語 ＋他動詞 ＋目的語 ※目的語あり （従業員たちは会議に出席する）

ナビクイズ → Part 5の例題にチャレンジ！

Many employees ④ ------- their offices ② ③ with photographs of family members.

(A) decoration
(B) decorative
(C) decoratively ①
(D) decorate

❶まず選択肢を見る。選択肢は全て語尾がバラバラで品詞を(変える・変えない)語尾が付いている。❷文頭にMany employees という主語が来ていて、❸空所の後ろにtheir offices という(名詞・形容詞)があるので、❹空所には(名詞・動詞)が入る。選択肢の語尾から((A)・(B)・(C)・(D))が正解だと分かる。

解説 ❶まず選択肢を見る。選択肢は全て語尾がバラバラで品詞を(変える・変えない)語尾が付いている。❷文頭にMany employees という主語が来ていて、❸空所の後ろにtheir offices という(名詞・形容詞)があるので、❹空所には(名詞・動詞)が入る。選択肢の語尾から((A)・(B)・(C)・(D))が正解だと分かる。
(A) decoration 名 装飾　(B) decorative 形 装飾的な　(C) decoratively 副 飾りとして　(D) decorate 動 〜を飾る

訳 多くの従業員は家族の写真でオフィスを飾る。

Let's try →

ナビクイズ　Part 5の問題にチャレンジ！

1. The staff ------- weekend barbecues several times a year.

(A) enjoyment
(B) enjoyable
(C) enjoys
(D) enjoyably

クイズ

選択肢にさまざまな (動詞の形・品詞) が並ぶ問題。空所前には (主語・目的語) the staff、空所後には (主語・目的語) weekend barbecues がある。文に必須の (動詞・副詞) が欠けているので、空所には (動詞・副詞) の ((A)・(B)・(C)・(D)) が必要だ。

2. Pearson Ltd. ------- in equipment for factories and garages.

(A) specialization
(B) specializes
(C) specialty
(D) special

クイズ

語頭が (同じで・異なり)、語尾が (同じ・異なる) 品詞問題では、空所前後を確認しよう。空所前の文頭には (主語・目的語) Pearson Ltd.、空所後は前置詞 in の前で意味の区切りができる。目的語が (ある・ない) ので (自動詞・他動詞) の ((A)・(B)・(C)・(D)) を選ぼう。

Words & Phrases

1. weekend 形 週末の　barbecue 名 バーベキュー　several times 数回
a year 1年につき
2. equipment 名 機器、設備　factory 名 工場　garage 名 ガレージ、自動車修理工場

18

3. Please ------- the reason when returning goods for a refund.

(A) specification

(B) specifically

(C) specific

(D) specify

クイズ

選択肢にさまざまな (動詞の形・品詞) が並んでいる。空所前には (疑問文・命令文) に付けるplease、空所後には (副詞・名詞) に付けるtheがある。空所にはpleaseとセットで使う (動詞・形容詞) が必要。(動詞・形容詞) の語尾を持つ ((A)・(B)・(C)・(D)) が正解。

4. There ------- many people in line at the box office every evening.

(A) is

(B) are

(C) be

(D) been

クイズ

選択肢にさまざまな(動詞の形・品詞)が並んでいる。「〜がいる／ある」を表す場合、thereに続けるbe動詞は(前・後ろ)の名詞の数にそろえよう。(単数・複数)なので ((A)・(B)・(C)・(D)) が正解。

Words & Phrases

3. reason 名 理由　　return 動 〜を返品する　　goods 名 商品　　refund 名 返金

4. in line 列に並んで　　box office チケット売場

▶▶ 解答・解説は132ページ

03 動詞の形問題① 時制・助動詞

future
now
past

ナビポイント **3カ条**

➤ 動詞の形を問われているときは、時間表現を確認しよう。

➤ **every year**など習慣的に繰り返すことを示す時間表現があれば現在形を選ぶよ。

➤ 助動詞の後ろに来る動詞は原形（動詞の元の形）だよ。

03では動詞の時制と助動詞を詳しく見ていきましょう。

動詞の形が変化する要因

動詞は時制、主述の一致、態の３つの要因によって形を変えます。動詞の形が問われる問題では、この３つをチェックしましょう。態に関しては05（28ページ）で解説します。

動詞が変化する事項	内容	見るポイント
時制	現在、過去、未来など、時を表す	時間表現
主述の一致	主語が単数か複数かにより動詞の形が変わる	主語の数
態	能動態か受動態かを表す	目的語の有無

時制（現在・過去・未来）

動詞は時制によってどのように形が変わるのか見てみましょう。

時制	例文	チェックポイント
現在	The company produces the equipment every year. （毎年その会社はその機器を作る）	every year（習慣的に繰り返す＝現在） 動詞の形は主語の単複にそろえる。
過去	The company produced the equipment last year. （昨年その会社はその機器を作った）	last year（過去） 過去形は語尾に -ed（不規則変化あり）
未来	The company will produce the equipment next year. （来年その会社はその機器を作る予定だ）	next year（未来） 未来形は助動詞willを動詞の前に付ける

20

助動詞

動詞に意味を加えてニュアンスを変えるときは、助動詞＋動詞の原形（動詞の元の形）で表現します。
主な助動詞を見てみましょう。

助動詞	意味	過去形	意味
can	可能：～することができる 許可：～してもよい	could	可能：～することができた 丁寧な依頼：～していただけますか
will	未来：～する／～するつもりだ 依頼：～してくれませんか	would	丁寧な依頼：～していただけますか 過去の習慣：よく～したものだった
shall	助力の申し出：～しましょうか 提案：～しましょうよ	should	提案、義務：～すべきである 推量：～はずだ
may	推量：～かもしれない 許可：～してもよい	might	推量：もしかしたら～かもしれない
must	義務：～しなければならない 確信：～にちがいない		

★一般的に助動詞の過去形を使うと丁寧な表現になるため、ビジネスで多く用いられます。

TOEICでは、丁寧な依頼の表現として Could you ~ ？や Would you ~ ？（～していただけますか）が、よく登場します。

 **Part 5の例題に チャレンジ！**

Mr. Kling ------- to the Springfield office in two weeks.

(A) will transfer
(B) was transferred
(C) has transferred
(D) to transfer

❶まず選択肢を見る。transferの形が異なるので（動詞の形・品詞）を問う問題だと判断できる。❷文末のin two weeksは（過去・未来）を表す時間表現なので、選択肢の中から（(A)・(B)・(C)・(D)）を選ぶ。

解説 ❶まず選択肢を見る。transferの形が異なるので（動詞の形・品詞）を問う問題だと判断できる。❷文末のin two weeks は（過去・未来）を表す時間表現なので、選択肢の中から（(A)・(B)・(C)・(D)）を選ぶ。
(A) will transfer 未来形　(B) was transferred 受動態 過去形　(C) has transferred 現在完了形
(D) to transfer 「to不定詞」

訳 Klingさんは、2週間後にSpringfield オフィスに転任する予定だ。

ナビクイズ Part 5の問題に チャレンジ！

1. Last week, Maxwell Museum ------- some Egyptian artifacts from a famous collection.

(A) receive
(B) receiving
(C) received
(D) to receive

クイズ

(A) ～ (D)には (名詞・動詞) のさまざまな形が並んでいる。主語の数と時間表現を確認しよう。文頭にある last week は (現在・過去・未来) の時間表現だ。時間をそろえて (現在形・過去形・未来形) の ((A)・(B)・(C)・(D)) を選べばよい。

2. Pearson Electronics ------- graduates from the state's top universities every year.

(A) hirer
(B) hiring
(C) hires
(D) to hire

クイズ

空所前に主語があり、空所後に目的語 graduates「卒業生」があるので、動詞の形を選ぶ問題。文末の every year「毎年」は繰り返し行われる習慣を表すので、動詞は (現在形・過去形・未来形) を使う。主語の会社名 Pearson Electronics は (単数・複数) 扱いなので、主語の数に合わせて ((A)・(B)・(C)・(D)) を選ぼう。

Words & Phrases

1. museum 名 美術館、博物館　Egyptian 形 エジプトの　artifact 名 芸術品
famous 形 有名な　collection 名 コレクション
2. graduate 名 卒業生　state 名 州　university 名 大学

3. According to her schedule, Ms. Redmayne should ------- in Paris at around 3:00 P.M.

(A) arrive

(B) arriving

(C) to arrive

(D) has arrived

クイズ

(A) ~ (D) に動詞 arrive の異なる形が並んでいる。空所(直前・直後) にある (should・in) がヒント。(助動詞・前置詞) は (前・後ろ) に動詞の (現在分詞・原形) が必要なので、((A)・(B)・(C)・(D)) が正解。

4. This month, workers ------- the road between East Dunhill and Acaster.

(A) widens

(B) widening

(C) to widen

(D) will widen

クイズ

選択肢にはさまざまな動詞の形が並んでいる。主語は(単数・複数) の (this month・workers)。選択肢のうち、(単数・複数) の主語に続けられる本動詞の形 ((A)・(B)・(C)・(D)) が正解。

Words & Phrases

3. according to ~ ～によれば

4. between A and B AとBの間

▶▶ 解答・解説は133ページ

04 動詞の形問題② 進行形・完了形

Penguins are walking.

ナビポイント **3カ条**

- ▶ 現在進行形は進行中の出来事の他に、予定されている未来のことも表すよ。

- ▶ 進行形や完了形も主述の一致に注目して解こう。

- ▶ 現在完了形は for ~、since ~、未来完了形は by the time ~ がよく一緒に使われるよ。

04では動詞の進行形、完了形について学びましょう。

進行形（現在・過去・未来）

進行形は現在・過去・未来のある時点で動作が進行していることを be動詞＋現在分詞 で表します。

現在進行形　is/are ＋ -ing　★主述の一致あり　★現在進行形は予定されている未来も表せます。

　He is attending the meeting now.（今彼は会議に出席している）

過去進行形　was/were ＋ -ing　★主述の一致あり

　He was attending the meeting when the phone rang.（電話が鳴ったとき彼は会議に出席していた）

未来進行形　will be ＋ -ing　★助動詞 will があるので主述の一致なし

　He will be attending the meeting tomorrow morning.（明日の朝彼は会議に出席しているだろう）

現在完了形

現在完了形は、ある過去の時点に起こったことを継続して現在でも持っている状態を have/has ＋過去分詞 （過去の出来事を持っている）で表します。経験、継続、完了の3つの意味を表すことができます。

経験：I have been to New York three times.　NY♪　NY♪　NY♪　現在（経験を持っている）

　　　（私は New York に3回行ったことがある）

継続：I have worked at the company for ten years.　働き始めた　──→　現在（今も働いている）

　　　（私はその会社で10年間ずっと働いている）

完了：I have already written my document.　書類書き始めた　──→　終了　現在（終了した状態）

　　　（私はすでに書類を書いてしまった）

★現在完了形は期間を表す for ~（～の間）や起点を表す since ~（～以来）がよく一緒に使われます。過去の時間表現（when ＋過去形など）とは一緒に使えません。主述の一致にも気を付けましょう。

　John has worked with Ken since they met.（彼らが出会って以来 John は Ken とずっと働いている）

完了形のさまざまな形

① 過去完了形は、ある過去の時点で、それ以前からすでにしている経験、継続、完了を表します。現在完了形の概念を過去にスライドさせて考えます。had ＋過去分詞の形で表現します。

The train **had** already **left** when he arrived at the station.

（彼が駅に着いたとき電車はすでに出発していた）

★過去完了形は、過去の時間表現（when ＋過去形など）と一緒に使うことができます。

② 未来完了形は、未来のある時点でしているであろう経験、継続、完了を表します。現在完了形の概念を未来にスライドさせて考えます。will ＋ have ＋過去分詞の形で表します。

She **will have left** her house by 9:00 A.M.

（彼女は午前9時までには家を出ているだろう）

★未来完了形は by ~（~まで）、by the time ~（~のときまで）などがよく一緒に使われます。

③ 現在完了進行形は、過去のある時点から現在まで動作をし続けていることを have/has been ＋現在分詞の形で表します。動作の継続を強調し、動作が今後も続くであろうことを示します。

The manager **has been waiting** for you since this morning.

（マネジャーは今朝からずっとあなたを待ち続けている）

★現在完了進行形も現在完了形と同じように for ~（~の間）、since ~（~以来）がよく一緒に使われます。

 **Part 5 の例題にチャレンジ！**

Operating costs ------- significantly since the company was founded.

(A) are rising

(B) have risen

(C) will rise

(D) rose

❶

❶ 選択肢を見ると、(時制が異なる・品詞が異なる)選択肢が並んでいるので (動詞の形・品詞) を問う問題だと判断できる。❷ 文末の since the company was founded は「会社が設立されて以来」という意味を表すので、空所には (現在進行形・現在完了形) が入る。((A)・(B)・(C)・(D)) が正解。

解説 ❶ 選択肢を見ると、(時制が異なる・品詞が異なる) 選択肢が並んでいるので (動詞の形・品詞) を問う問題だと判断できる。❷ 文末の since the company was founded は「会社が設立されて以来」という意味を表すので、空所には (現在進行形・現在完了形) が入る。((A)・(B)・(C)・(D)) が正解。

(A) are rising 現在進行形　(B) have risen 現在完了形　(C) will rise 未来形　(D) rose 過去形

訳 会社が設立されて以来、操業コストがかなりかさんでいる。

 Let's try

Part 5の問題にチャレンジ！

1. The company ------- a new office in Bradman before the end of this year.

(A) are opened

(B) has opened

(C) opens

(D) is opening

クイズ

(動詞の形・品詞)が異なる選択肢が並んでいる場合、主語の数と時間表現を確認しよう。文末のbefore the end of this yearは(現在・過去・未来)を表すので、(現在形・現在完了形・現在進行形)を選ぼう。(単数・複数)の主語the companyに合う ((A)・(B)・(C)・(D)) が正解。

2. Event organizers ------- the seating right up until the event started.

(A) to arrange

(B) has arranged

(C) is arranging

(D) were arranging

クイズ

動詞arrangeの形を問う問題。主語の数と時間表現を確認しよう。(単数・複数)の主語event organizersに合わせて、(has・is・were)で始まる ((A)・(B)・(C)・(D)) を選ぼう。「(〜している・〜していた)」となり、時間表現right up until the event started「ちょうどイベントが始まるまで」ともうまくつながる。

Words & Phrases

2. organizer 名主催者　　seating 名座席　　right up until ~ ちょうど〜まで

3. Mercury Photography ------- the Brighton area for over 50 years.

(A) has served

(B) will be served

(C) is serving

(D) serves

クイズ

動詞serveの形を問う問題。for over 50 yearsは (幅のある期間・瞬間の時間) を表すので、(進行形・完了形・現在形) の ((A)・(B)・(C)・(D)) を選ぼう。ちなみに、会社名はMercury Photographyのように大文字で表記し、(単数・複数) とみなす。

4. The flight ------- by the time you get to the airport unless you take a taxi.

(A) is departing

(B) had departed

(C) will have departed

(D) was departing

クイズ

動詞departの形を問う問題。by the timeに注目しよう。by the time ~ 「~するときまでには」と一緒に使われるのは (現在進行形・過去完了形・未来完了形・過去進行形) だ。よって ((A)・(B)・(C)・(D)) が正解。

Words & Phrases

3. serve 動 ~にサービスを提供する　　over ~ 前 ~以上

4. flight 名 (飛行機の) 便　　by the time ~ ~までに　　airport 名 空港

　　unless ~ 接 ~しない限り

≫ 解答・解説は134ページ

Bamboo is eaten by a panda.

05 動詞の形問題③
受動態

ナビポイント 3カ条

▶ 受動態を作ることができるのは、他動詞だけだよ。

▶ 受動態も主述の一致が正解を選ぶキーポイントになるよ。

▶ 動詞の形の問題で、空所の後に目的語がなければ、受動態が正解の場合が多いよ。

05では主役が交代する受動態について見ていきましょう。

受動態とは

能動態の文で脇役だった目的語が、受動態の文では主役（主語）に変わり、主語が動作の影響を受けることを表します。つまり、主語が「〜された」という受け身の状態を表します。動詞は、be動詞＋過去分詞の形になり、be動詞は主語の単複に合わせます。

　　　　　　　主語　　　　　動詞（他動詞）　　　目的語
能動態：The accountant submitted the document. （会計士がその書類を提出した）

受動態：The document was submitted by the accountant. （その書類は会計士によって提出された）
　　　　　主語　　　　　　　動詞（他動詞）　　　前置詞句（動作主を表す）　※ by~ は省略される場合も多い

能動態から受動態になれるのは、他動詞＋目的語がある文です。能動態のSV、SVCの文は目的語 (O) がないので、受動態にはなれません。各文型の能動態→受動態の形の変化を見てみましょう。

SVO	The president mentioned the issue. → The issue was mentioned by the president. （社長はその問題に言及した）　　　　　　　　　（その問題は社長に言及された） ＊目的語がなくなる （目的語the issueが主語になり、目的語がなくなる）
SVOO	The president gave him the award. → He was given the award by the president. （社長は彼にその賞を与えた）　　　　　　　　　（彼はその賞を社長に与えられた） ＊目的語2つから1つへ （2つの目的語のうち、himが主語になりthe awardは目的語のまま残る）
SVOC	The employees call the product AHT. → The product is called AHT by the employees. （社員たちはその製品をAHTと呼ぶ）　　　　　　（その製品は社員たちにAHTと呼ばれている） ＊目的語がなくなる （目的語のthe productが主語になり、補語のAHTは残る）

★動詞の形の問題では、空所の直後に目的語がなければ、多くの場合受動態が正解になります。（動詞が他動詞か確認）

28

受動態のさまざまな形

受動態は進行形や完了形や助動詞と組み合わせて、さまざまな形で使われます。

進行形や完了形の受動態の場合も、動詞の形は主語の単複にそろえます。主述の一致に気を付けましょう。

① **進行形の受動態**　be動詞＋being＋過去分詞

　The conference room is being cleaned by the staff. （会議室はスタッフによって清掃されているところだ）

② **完了形の受動態**　have/has＋been＋過去分詞

　The coupons have been distributed by the sales department. （営業部によってクーポンは配られた）

③ **助動詞＋受動態**　助動詞＋be＋過去分詞

　The information can be downloaded from the Web site. （情報はそのウェブサイトからダウンロードできる）

★being/been/be動詞＋過去分詞の形があれば受動態。受動態だと分かるだけで解きやすくなります。

★動詞の形問題を攻略するためには、態、主述の一致、時制の3つを確認することが大切です！

> Accountants ------- to submit the annual report by next Monday.
>
> (A) are requiring 能　(B) have required 能　(C) are required 受　(D) has been required 受

① 選択肢を見て、動詞requireの形が異なる「動詞の形」問題だと判断。

② 態、主述の一致、時制の順で確認！　空所の直後に目的語がないから空所は受動態の(C)(D)に絞られる。

③ 主述の一致を見ると、Accountantsは複数だから、(D)は合わないので(C)が正解。

　（会計士は来週月曜日までに年次報告書を提出するように求められている）

 **Part 5の例題にチャレンジ！**

Every March, the kitchen ------- by a team of professional cleaners.

(A) cleaned

(B) has cleaned

(C) is cleaning

(D) is cleaned

❶まず選択肢を見ると、cleanの形が異なるので (動詞の形・品詞) を問う問題だと判断できる。❷空所の直後に前置詞byがあり、目的語が (ある・ない) ので、(能動態・受動態) を選ぼう。❸ (単数・複数) の主語the kitchen に合う (能動態・受動態) の形、((A)・(B)・(C)・(D)) が正解だ。

解説　❶まず選択肢を見ると、cleanの形が異なるので (動詞の形・品詞) を問う問題だと判断できる。❷空所の直後に前置詞byがあり、目的語が (ある・ない) ので、(能動態・受動態) を選ぼう。❸ (単数・複数) の主語the kitchen に合う (能動態・受動態) の形、((A)・(B)・(C)・(D)) が正解だ。

(A) cleaned 過去形　(B) has cleaned 現在完了形　(C) is cleaning 現在進行形　(D) is cleaned 受動態 現在形

訳　毎年3月、キッチンはプロの清掃チームによって掃除される。

Let's try

05
受動態

1. Company executives ------- to a banquet at the Greenway Hotel.

(A) are inviting

(B) are invited

(C) has invited

(D) invited

クイズ

(動詞の形・品詞)が異なる選択肢が並んでいる場合、態、主述の一致、時制を確認しよう。空所直後はto。動詞inviteの目的語が(ある・ない)ので、(能動態・受動態)を選ぼう。(単数・複数)の主語company executivesに合う(能動態・受動態)の形、((A)・(B)・(C)・(D))が正解だ。

2. The audience ------- to see several other famous musicians on the stage.

(A) was surprising

(B) surprises

(C) was surprised

(D) have surprised

クイズ

動詞surpriseに-ingや-edの付いた形が並んでいるので、態、主述の一致、時制を確認しよう。空所直後はto。動詞surpriseの目的語が(ある・ない)ので、(能動態・受動態)を選ぼう。(単数・複数)の主語the audienceに合う(能動態・受動態)の形、((A)・(B)・(C)・(D))が正解だ。

Words & Phrases

1. executive 名 重役　　banquet 名 夕食会

2. audience 名 聴衆　　several 形 数人の、数個の　　famous 形 有名な

3. V-Tuned Garage ------- the Greendale Better Business Bureau Award five times.

(A) has awarded

(B) has been awarded

(C) awarding

(D) have awarded

クイズ

動詞awardの形を問う問題。態、主述の一致、時制を確認しよう。awardは「〜に〜（賞など）を与える」の意味。能動態であれば目的語が（1つ・2つ）。空所後の目的語は（1つ・2つ）なので、V-Tuned Garageが（主語・目的語）になった（能動態・受動態）だ。正解は（(A)・(B)・(C)・(D)）。

4. The company's computers ------- to handle the new software.

(A) are being upgraded

(B) are upgrading

(C) upgrade

(D) has upgraded

クイズ

さまざまな動詞の形が並んでいるので、態、主述の一致、時制を確認しよう。空所直後はto。動詞upgradeの目的語が（ある・ない）ので、（能動態・受動態）を選ぼう。（単数・複数）の主語the company's computersに合う（能動態・受動態）の形、（(A)・(B)・(C)・(D)）が正解だ。

Words & Phrases

3. ~ times 〜回

4. handle 動 〜に対処する

▶▶ 解答・解説は135ページ

06 品詞問題③
形容詞・分詞

ナビポイント 3カ条

➤ 冠詞と名詞の間の空所には形容詞が入るよ。

➤ 現在分詞（-ing）と過去分詞（-ed）は形容詞の働きもするよ。

➤ 感情を表す動詞は要注意。surprising news（驚かすニュース）、surprised people（驚いた人々）になるよ。

06では名詞を修飾する形容詞と分詞について見ていきましょう。

形容詞の見分け方

形容詞も多くは語尾で見分けることができます。形容詞の語尾となる主なものを以下に示します。

語尾	単語例	語尾	単語例
-ful	careful（慎重な）useful（役に立つ）	-al	additional（追加の）official（公式な）
-ous	serious（真面目な）various（さまざまな）	-able	available（入手できる）valuable（貴重な）
-ive	active（活動的な）effective（効果的な）	-less	careless（不注意な）harmless（無害な）
-ic	economic（経済の）realistic（現実的な）	-a(e)nt	important（重要な）sufficient（十分な）

形容詞の役割

形容詞は名詞を修飾したり、補語になって名詞の性質を説明したりする役を担います。

①名詞を修飾する：（冠詞＋）形容詞＋名詞　a serious employee（真面目な従業員）

　★（冠詞＋）副詞＋形容詞＋名詞（a very serious employee）のように副詞が形容詞の前に入って形容詞を修飾することもあります。名詞の前には形容詞、形容詞の前には副詞が来ます。

②文の補語になり名詞の性質を説明する：SVC、SVOC

　SVC ：The employee is serious.（その従業員は真面目だ）＊S＝C

　SVOC: The employee makes the system profitable.（その従業員はシステムを有益にする）＊O＝C

形容詞の働きをする分詞

現在分詞（動詞の-ing形）と過去分詞（動詞の-ed形）は、形容詞の役割をすることができます。

役割	現在分詞　-ing	過去分詞　-ed
①名詞を修飾する	He accepted the challenging job. （彼はそのやりがいがある仕事を引き受けた）	Please check the enclosed letter. （同封された手紙を確認してください）
②文の補語になる	The new job is challenging. 主語(S)　動詞(V)　補語(C)　※ S＝C （その新しい仕事はやりがいがある）	He　saw　the letter enclosed. 主語(S) 動詞(V)　目的語(O)　　補語(C) ※ O＝C （彼はその手紙が同封されるのを見た）

★ 感情を表す動詞のsurprise（驚かす）、excite（興奮させる）、please（喜ばせる）などの現在分詞と過去分詞は注意が必要です。日本語に惑わされないように正しく使い分けましょう。

I saw an exciting game.（私は白熱する試合を見た）「興奮させる試合」⇒「白熱する、面白い試合」と訳される

I saw an excited audience.（私は興奮した観客を見た）「興奮させられた観客」⇒「興奮した観客」と訳される

★ 選択肢に-ing、-edなどが並んでいるときは、まず本動詞（文のメインの動詞）があるか確認しましょう。すでに本動詞がある場合は、空所には名詞を修飾する役割の現在分詞か過去分詞が入ります。

> He submitted several ------- contracts to the company.
> (A) signs　(B) signing　(C) signed　(D) to sign

①文の本動詞はsubmitted（提出した）。several ------- contractsは目的語。空所はなくても文が成立。

②名詞contractsを修飾する分詞が入る。contracts（契約書）はサインされるので、過去分詞の(C)が正解。

（彼は会社にいくつかの署名された契約書を提出した）

ナビクイズ　Part 5の例題にチャレンジ！

The company will open an ------- office this month.

(A) additionally
(B) addition
(C) add
(D) additional

❶ 選択肢に（同じ・異なる）品詞が並んでいる問題。❷ 空所の前に冠詞のanがあり、❸ 空所の後に（前置詞・名詞）のofficeがある。空所にはオフィスを（修飾する・目的語とする）単語を選ぼう。選択肢のうち適切なのは（動詞・形容詞）の（(A)・(B)・(C)・(D)）だ。

解説 ❶ 選択肢に（同じ・異なる）品詞が並んでいる問題。❷ 空所の前に冠詞のanがあり、❸ 空所の後に（前置詞・名詞）のofficeがある。空所にはオフィスを（修飾する・目的語とする）単語を選ぼう。選択肢のうち適切なのは（動詞・形容詞）の（(A)・(B)・(C)・(D)）だ。

(A) additionally 副 さらに　(B) addition 名 追加　(C) add 動 ～を加える　(D) additional 形 追加の

訳 その会社は今月追加のオフィスを開設するだろう。

Let's try

06
形容詞・分詞

1. Online reviews confirm that Dobson Press is -------.

(A) dependence
(B) dependability
(C) dependable
(D) depend

クイズ

選択肢に (同じ・異なる) 品詞が並んでいる問題。空所前のbe動詞isには、He is kind. 「彼＝親切」のように主語と性質をイコールで結ぶ働きがある。空所には性質を表す (名詞・形容詞) が必要なので、(名詞・形容詞) の (語頭・語尾) が付いている ((A)・(B)・(C)・(D)) が正解。

2. The hotel is surrounded by ------- cafés and restaurants.

(A) wondering
(B) wonderfully
(C) wonder
(D) wonderful

クイズ

選択肢に (同じ・異なる) 品詞が並ぶ問題。空所前にby、空所後に名詞のかたまりcafés and restaurants がある。空所はカフェやレストランを (修飾する・目的語とする) 単語を選ぼう。選択肢にある2つの (名詞・形容詞) のうち、自然な意味になるのは ((A)・(B)・(C)・(D))。

Words & Phrases

1. review 名 レビュー　　confirm (that) ~ ～を確認する、裏付ける
2. surround 動 ～を囲む

3. Samson Homes is one of the Tully region's ------- businesses.

(A) led

(B) leading

(C) leader

(D) leadership

クイズ

選択肢に (同じ・異なる) 品詞が並んでいる問題。空所前 the Tully region's の's は 「〜の」を表し、空所後 businesses は (動詞・名詞) だ。空所には businesses を修飾する単語を選ぼう。正解は (現在分詞・過去分詞) の語尾 (-ing・-er・-ship) が付いた ((A)・(B)・(C)・(D))。

4. You can contact our ------- support technicians 24 hours a day.

(A) qualified

(B) qualification

(C) qualify

(D) qualifies

クイズ

語尾が異なる品詞問題。動詞のかたまり can contact があるので、空所に本動詞は (必要・不要)。空所前に (所有格・目的格) の代名詞 our、空所後に名詞のかたまり support technicians がある。空所には (修飾する・本動詞になる) 語が必要だ。正解は語尾 (-ed・-fy・fies) を持つ ((A)・(B)・(C)・(D))。

Words & Phrases

3. region 名 地域　　business 名 企業

4. contact 動 〜に連絡する　　technician 名 技術者

24 hours a day 1日24時間（24時間いつでも）

>> 解答・解説は136ページ

very slowly quietly

ナビポイント **3ヵ条**

▶ 副詞は飾りなので省いても文が成り立つよ。

▶ 文法的にセットになっている仲良しの間に割って入ることができるのが副詞だよ。

▶ 形容詞は名詞を修飾、副詞は名詞以外を修飾するよ。

07 では名詞以外を修飾する副詞について学びます。

副詞の見分け方

副詞の語尾はほとんどが -ly になりますが、already（すでに）、always（いつも）、sometimes（時々）、often（しばしば）などは -ly が付きません。また、friendly（友好的な）は語尾に -ly が付いていますが形容詞として使われます。daily（毎日の）、weekly（毎週の）などは形容詞にも副詞にもなります。

副詞が修飾するもの

副詞は文の飾りつけを担当しているので、文の主要メンバーにはなれません。名詞以外（動詞、形容詞、副詞、数、節全体、句）を修飾し、文法的にセットで完成しているところに入り込んで意味を追加することもできます。

①動詞を修飾

The representative works seriously for customers.（その担当者は顧客のために真面目に働く）
　　　　　　　　動詞　　　　※動詞の後ろから動詞を修飾

The accountant quickly made the document.（会計士は素早くその書類を作った）
　　主語　　　　　　　　動詞　　※主語と動詞の間

We should definitely go to the conference.（我々は絶対にその会議に行かなくてはいけない）
　　助動詞　　　　　　動詞　　※助動詞と動詞の間

I have already finished the assignment.（私はすでに割り当てられた仕事を終えている）
　have　　　　　過去分詞　　※現在完了形の have と過去分詞の間

The information is regularly updated.（その情報は定期的に更新されている）
　　　　　　be動詞　　　　過去分詞　　※受動態の be 動詞と過去分詞の間

★主語＋動詞、助動詞＋動詞、have ＋過去分詞、be動詞＋過去分詞など、文法的にセットで完成されているところに割って入ることができるのは副詞だけです。この＋の部分に割って入ります。

② 形容詞を修飾

The advertisement was really **effective**. (その広告は本当に効果的だった)

形容詞　　※形容詞の前に付いて形容詞を修飾する

③ 副詞を修飾

We checked the report extremely **carefully**. (私たちは報告書を極めて注意深く確認した)

副詞　　※副詞の前に付いて副詞を修飾する（副詞が2つ続く）

④ 数を修飾

The president will visit the office at approximately **3** P.M. (社長は午後3時ころにオフィスを訪れる予定だ)

数　　※数の前に付く

⑤ 節全体を修飾

Unfortunately, **she was unable to take the train**. (残念ながら、彼女はその電車に乗れなかった)

節　　※文頭から、節全体を修飾する

⑥ 句を修飾

Even **a tiny error** could cause an incident. (ちょっとした間違いさえ事故を引き起こす)

句　　※冠詞＋形容詞＋名詞のかたまり（名詞句）を前から修飾する

形容詞と副詞の違い

形容詞は名詞を修飾し、補語になれますが、副詞は名詞以外を修飾し、補語になれません。

The meeting was -------.　(A) productive (B) productively　※補語になれるのは形容詞 (A)

Sales increased -------.　(A) sharp (B) sharply　※動詞 increased を修飾できるのは副詞 (B)

 **Part 5の例題に** チャレンジ！

After use, you can ------- wash your Appolen protective masks in the washing machine.

(A) simply

(B) simplify

(C) simple

(D) simplicity

❶選択肢に (同じ・**異なる**) 品詞が並んでいる問題。❷空所の前に助動詞の can があり、❸空所の後に (**動詞**・形容詞) の wash があって、動詞のかたまりが完成している。❹完成したかたまりの間に入れるのは (**副詞**・形容詞) だ。副詞の語尾を持つ ((**A**)・(B)・(C)・(D)) が正解。

解説　❶選択肢に (同じ・**異なる**) 品詞が並んでいる問題。❷空所の前に助動詞の can があり、❸空所の後に (**動詞**・形容詞) の wash があって、動詞のかたまりが完成している。❹完成したかたまりの間に入れるのは (**副詞**・形容詞) だ。副詞の語尾を持つ ((**A**)・(B)・(C)・(D)) が正解。

(A) simply 副 簡単に　(B) simplify 動 ～を簡単にする　(C) simple 形 簡単な　(D) simplicity 名 簡単

訳　使用後、あなたは Appolen 保護マスクを簡単に洗濯機で洗うことができる。

 Let's try

Part 5の問題に チャレンジ！

1. Ms. Harper ------- has time to visit the company's regional offices.

(A) rarity

(B) rare

(C) rareness

(D) rarely

クイズ

選択肢の (語頭・語尾) がバラバラで (同じ・異なる) 品詞が並んでいる問題。空所前に (主語・目的語) Ms. Harper、空所後に動詞 has があり、(主語・目的語) と動詞がそろって完成している。完成したところの間に入れるのは (形容詞・副詞) の語尾を持つ ((A)・(B)・(C)・(D))。

2. Sales at Dolby Department Store are ------- higher during the holiday season.

(A) considerable

(B) considerably

(C) considering

(D) consideration

クイズ

選択肢の (語頭・語尾) から (同じ・異なる) 品詞が並ぶ問題だと分かる。空所前に be 動詞 are、空所後に (名詞・形容詞) high の比較級 higher がある。be 動詞とそれに続くべき (名詞・形容詞) がそろっている。完成しているところに入り込める (動詞・副詞) の ((A)・(B)・(C)・(D)) が正解。

Words & Phrases

1. regional 形 地方の

2. sales 名 売り上げ　　during ~ 前 ~の間に

3. Barton Constructions has completed ------- 500 homes in the last three years.

(A) approximation

(B) approximate

(C) approximately

(D) approximated

クイズ

適切な（動詞・品詞）を選ぶ問題。空所後の数字500がヒント。数の前で「およそ」の意味となる（形容詞・副詞）の（(A)・(B)・(C)・(D)）が正解。

4. Photocopiers should be serviced ------- to avoid breakdowns during busy periods.

(A) regular

(B) regularly

(C) regularity

(D) regulate

クイズ

選択肢に（同じ・異なる）品詞が並んでいる場合には、空所の前後を確認する。空所前に動詞のかたまりbe servicedがすでにあるので、動詞は不要。be servicedは（能動態・受動態）なので、後ろの空所に目的語となる名詞が（必要・不要）。空所後に修飾相手となる名詞が（ある・ない）ので、形容詞が（必要・不要）。消去法で考えて、空所に入るのは（形容詞・副詞）の語尾が付いている（(A)・(B)・(C)・(D)）。

Words & Phrases

3. construction 名 建設　complete 動 ～を完成させる

4. photocopier 名 コピー機　service 動 ～を点検する　avoid 動 ～を避ける

breakdown 名 故障　period 名 期間

≫ 解答・解説は137ページ

文法問題①
前置詞

ナビポイント **3カ条**

- ➤ 前置詞は基本のイメージをつかんで応用しよう。
- ➤ 習慣的な言い回しであるイディオムを覚えることが
  スコアアップの鍵だよ。
- ➤ 特定の動詞に付く前置詞のパターンを覚えよう。

08では名詞・代名詞・動名詞などの前に置かれる詞である前置詞について学んでいきます。前置詞は時間、場所、理由などを表現します。いくつかの語と一緒にイディオムとして使われる場合もあります。

前置詞の基本イメージ

前置詞は名詞と結び付いて場所や時間などを表します。前置詞のイメージを正しくつかみましょう。
①at ～に（点）、②behind ～の後ろに、③to ～へ（到達点）、④from ～から（起点）、⑤between 2者の間、
⑥among 3者以上の間

前置詞を含むイディオム

前置詞を含むいくつかの語が結び付いて特殊な意味を表す慣用表現をイディオムと言います。
以下はTOEICに頻出のイディオムです。

イディオム	意味	イディオム	意味
on behalf of ~	~を代表して	in charge of ~	~を担当している
out of stock	在庫切れで	out of order	故障中で
based on ~	~に基づいて	according to ~	~によると
responsible for ~	~に対して責任がある	prior to ~	~に先立って
in spite of	~にも関わらず	regardless of ~	~に構わず

★特定の動詞とセットで使われる前置詞もあります。

① 褒める、責める理由を説明する

　praise A / blame A + for B：Bの理由でAを褒める / 責める

② 満足する、喜ぶ理由を説明する

　be satisfied / be pleased + with A：Aに満足する / 喜ぶ

③ 妨げる、禁止する対象を示す

　prevent A / prohibit A + from -ing：Aが~するのを妨げる / 禁止する

 **Part 5の例題に** チャレンジ！

Some food items are available from the store ------- <u>the building's first floor.</u>

(A) in

(B) on

(C) at

(D) for

❶前置詞が並ぶ問題には「イディオムを完成させる」「空所の後の時間や場所に合わせて選ぶ」の2パターンがある。❷イディオムになる表現はないので、時間や場所を確認しよう。the building's first floorは（時間・場所）。階数を表すときは、床の（上・下）を指すので、（(A)・(B)・(C)・(D)）が正解と分かる。

解説 ❶前置詞が並ぶ問題には「イディオムを完成させる」「空所の後の時間や場所に合わせて選ぶ」の2パターンがある。❷イディオムになる表現はないので、時間や場所を確認しよう。the building's first floorは（時間・場所）。階数を表すときは、床の（上）・下）を指すので、（(A)・(B)・(C)・(D)）が正解と分かる。

(A) in　(B) on　(C) at　(D) for

訳 いくつかの食品はそのビルの1階の店から入手可能だ。

Let's try

1. We will be installing a drinking fountain ------- the end of the hall.

(A) by
(B) in
(C) on
(D) at

クイズ

前置詞を選ぶ問題には「イディオムを完成させる」「空所（前・後）の時間や場所に合わせて選ぶ」の2パターンがある。イディオムになる表現はないので、時間／場所を確認しよう。the end of the hall は（時間・場所）。（点・広がり・長時間）を指す（(A)・(B)・(C)・(D)）が正解。

2. Maddox Pharma has grown significantly ------- the last five years.

(A) over
(B) since
(C) once
(D) with

クイズ

前置詞が並ぶ問題。空所前の（過去形・現在完了形）がヒント。（過去形・現在完了形）は、空所後の the last five years「ここ5年」のような時間の長さと共に使われる。よって正解は期間を表す（(A)・(B)・(C)・(D)）。

Words & Phrases

1. install 動 ～を設置する　　drinking fountain 水飲み場　　hall 名 廊下
2. grow 動 成長する　　significantly 副 かなり　　last 副 最近

3. Most of the staffing decisions will be made ------- the time the hospital is complete.

(A) as
(B) in
(C) by
(D) for

クイズ

前置詞が選択肢に並んでいる。まずは空所前後でイディオムになるかどうか確認しよう。((A)・(B)・(C)・(D)) は空所後にある (the time・complete) とセットになると、イディオム「〜するときまでに」となる。(will・is) を含む (現在・未来) の表現で使われる。

4. Ms. Holmes asked that the company provide her ------- an assistant.

(A) with
(B) along
(C) for
(D) to

クイズ

前置詞の問題。空所前後でイディオムになるかどうか確認しよう。空所前にある (ask・provide) とセットになり、彼女=Holmesさんに助手を (依頼して・与えて) の意味にするには、((A)・(B)・(C)・(D)) が必要。

Words & Phrases

3. most 名 大部分   staffing 名 人員配置   decision 名 決定   hospital 名 病院
complete 形 完成した

4. ask 動 〜を依頼する   provide 動 〜に与える   assistant 名 助手

≫ 解答・解説は138ページ

文法問題②
後置修飾

a dog following its owner

- 空所の前の名詞が動作主なら現在分詞、動作をされる側なら過去分詞を入れよう。
- **something**の後は**to**不定詞が来る場合が多いよ。
- 2語以上の形容詞句は名詞を後ろから修飾するよ。

09では後ろから名詞を修飾する後置修飾を見ていきます。

後置修飾とは

名詞を修飾する場合、一般的に形容詞＋名詞の形で、形容詞が名詞の前に付きます。しかし、修飾する語句が2語以上になって長くなると、名詞の後ろに回って名詞＋2語以上の語句の語順で名詞を修飾するようになります。これを後置修飾（後ろに置いて修飾する）の用法と言います。後置修飾をする現在分詞、過去分詞、to不定詞、形容詞句を見ていきましょう。

現在分詞 -ingと過去分詞 -ed

名詞を修飾する現在分詞と過去分詞は2語以上のかたまりで名詞の後ろに付いて名詞を修飾します。

① 現在分詞	-ingの形	～している	修飾される名詞が動作主
② 過去分詞	-edの形	～される	修飾される名詞が動作をされる側

①Ms. Carter prepared a room for <u>the guests</u> coming to the company. ⇒ 名詞「お客」は「来る」

　(Carterさんは会社に来るお客のために部屋の準備をした)

②Ms. Carter prepared a room for <u>the guests</u> invited to the company. ⇒ 名詞「お客」は「招待された」

　(Carterさんは会社に招待されたお客のために部屋の準備をした)

★修飾される名詞the guestsが「会社に来る」のか「会社に招待された」のかによって現在分詞と過去分詞を使い分けます。もし②のinvitedの代わりにinvitingという現在分詞を入れると、「招待するお客」という意味になり、お客が誰かを招待することになってしまうので意味が通じません。

to不定詞の形容詞的用法

不定詞はto＋動詞の原形という形を取って、「〜するための」という意味を表し、後ろから名詞を修飾します。

①名詞＋to不定詞：前にある名詞を修飾して「〜するための」「〜すべき」という意味を表します。

a <u>book</u> to read (読むべき本) /a <u>place</u> to visit (訪問すべき場所)

I have a lot of <u>work</u> to do today. (私は今日やるべき仕事がたくさんある)

②something＋to不定詞：somethingを修飾して「何か〜するもの」という意味を表します。

<u>something</u> to eat (何か食べるもの) /<u>something</u> to read (何か読むもの)

I have <u>something</u> to tell you. (私はあなたに話すことがある)

2語以上の形容詞句

形容詞が2語以上のかたまりの場合は形容詞句となって後ろから名詞を修飾します。

a <u>person</u> worthy of praise (賞賛に値する人) /a <u>box</u> full of flowers (花がたくさん入った箱)

I am using a <u>desk</u> close to the window. (私は窓の近くの机を使っている)

★1語だけでも名詞の後ろから修飾できる場合があります。

①語尾が -able、-ibleといった形容詞は後ろから修飾することができます。

a <u>ticket</u> available (入手可能なチケット) /the <u>person</u> responsible (責任を負うべき人)

②語尾が -body、-thingといった名詞は1語の形容詞で後ろから修飾します。

<u>somebody</u> skillful (熟練した人) /<u>something</u> new (何か新しいこと)

ナビクイズ **Part 5の例題にチャレンジ！**

Refreshments <u>will be served</u> for people ------- to the conference.

(A) invited
(B) inviting
(C) to invite
(D) invite

❶選択肢にさまざまな (品詞・動詞の形) が並ぶ問題。空所前は「軽食が人々に提供される」という意味。❷すでに will be servedという本動詞があることから、❸空所には peopleを修飾する形が必要だ。「会議に (招かれた・招く) 人々」という意味にするには (現在分詞・過去分詞) が適切。よって ((A)・(B)・(C)・(D)) が正解。

解説 ❶選択肢にさまざまな (品詞・動詞の形) が並ぶ問題。空所前は「軽食が人々に提供される」という意味。❷すでに will be servedという本動詞があることから、❸空所には peopleを修飾する形が必要だ。「会議に (招かれた・招く) 人々」という意味にするには (現在分詞・過去分詞) が適切。よって ((A)・(B)・(C)・(D)) が正解。

(A) invited 過去形、過去分詞 　(B) inviting 現在分詞 　(C) to invite 「to不定詞」 　(D) invite 原形、現在形

訳 会議に招かれた人々には軽食が提供されるだろう。

Let's try

09
後置修飾

1. Fielding Hardware made its catalog ------- on the store's Web site.

(A) accessible
(B) accessibility
(C) access
(D) accessibly

クイズ

品詞問題。空所前後を確認しよう。空所前に名詞catalog、空所後は前置詞onの前で意味の区切りができる。「店のウェブサイト上で〜な」という修飾語句を作るためには、空所に (名詞・形容詞) ((A)・(B)・(C)・(D)) が必要だ。

2. The organizing committee decided to send Mr. Jones something ------- their appreciation.

(A) shows
(B) to show
(C) has shown
(D) is showing

クイズ

動詞の形を選ぶ問題。動詞send以降は「Jonesさんにsomethingを送る」の意味。動詞sendがあるので、空所には (本動詞・修飾する形) が必要。空所からappreciationまでで「感謝の意を表すための」という意味を表すには、((A)・(B)・(C)・(D)) が適切。

Words & Phrases

1. catalog 名 カタログ
2. organizing committee 組織委員会　　decide to do 〜すると決める
send A B 動 AにBを送る　名 appreciation 感謝の気持ち

3. Customers ------- membership cards will get a 10 percent discount.

(A) to be held

(B) holding

(C) have held

(D) are held

クイズ

選択肢にさまざまな (動詞の形・品詞) が並ぶ問題。空所後には動詞のかたまり will get「得るだろう」がある。したがって、空所には主語 customers (に続ける本動詞の形・を修飾する形) が必要。「会員証を持っている人々」というかたまりを作るには ((A)・(B)・(C)・(D)) の (to不定詞・現在分詞) が適切。空所後に目的語が (ある・ない) ので、(能動態・受動態) の (to不定詞・現在分詞) は不適切。

4. Staff members ------- at the Rolston Factory received an additional bonus.

(A) to employ

(B) are employing

(C) employ

(D) employed

クイズ

選択肢にさまざまな (動詞の形・品詞) が並ぶ問題。空所後に本動詞 received があるので、「職員は受け取った」の意味となる。すでに本動詞があることから、空所には主語 staff members を修飾する形が必要。「Rolston 工場に雇用 (している・されている) 職員」というかたまりを作るには ((A)・(B)・(C)・(D)) の (to不定詞・過去分詞) が適切。

Words & Phrases

3. customer 名 顧客　　membership card 会員証　　discount 名 割引

4. staff member 職員　　additional 形 追加の　　bonus 名 ボーナス

≫ 解答・解説は139ページ

10 文法問題③
比較

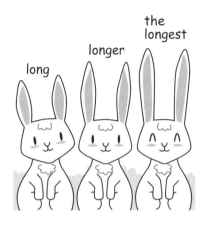

the longest

longer

long

ナビポイント **3カ条**

➤ **as ------- as**という形があったら原級が入るよ。

➤ 空所の後に**than**があったら比較級が入るよ。

➤ 選択肢の中に形容詞と副詞があれば、余計なものを取ってみてどちらが適切か考えよう。

10では形容詞や副詞が形を変える比較表現を見ていきましょう。

比較の形

形容詞と副詞は比較の種類によって形を変えます。比較には、原級（as 原級 as）、比較級（比較級＋than）、最上級（the＋最上級＋of/in ~）の3種類があります。まず、形容詞と副詞がどのように形を変えるか見ていきましょう。

比較表現の作り方	原級（元の形）	比較級	最上級
母音を1つだけ含む短い単語 語尾に比較級-er 最上級-estを付ける	small（形容詞　小さい） hard（副詞　一生懸命に）	smaller harder	smallest hardest
母音を2つ以上含む長めの単語 比較級more 最上級mostを付ける	difficult（形容詞　難しい） seriously（副詞　まじめに）	more difficult more seriously	most difficult most seriously
形を完全に変えるもの 原級、比較級、最上級の形が異なる	good（形容詞　よい） well（副詞　よく）	better better	best best

原級　：The accountant is as knowledgeable as the president.

（その会計士は社長と同じくらい知識が豊富だ）

比較級：The accountant is more knowledgeable than the president.

（その会計士は社長より知識が豊富だ）

最上級：The accountant is the most knowledgeable in the company.

（その会計士は会社の中で一番知識が豊富だ）

★asがあれば原級、than があれば比較級、the ~ in/of があれば最上級。

形容詞と副詞の見極め

比較が問われる問題の選択肢に形容詞と副詞がある場合はas ～ asやthan以下を取って文を単純化してみると文の構造が見えてきます。補語になる形容詞と、動詞を修飾する副詞の区別がよく出題されます。

① The new product is more efficient than the old one. (新しい製品は古い製品より効率がいい)

　　　主語(S)　　　動詞(V)　　補語(C)　　※ SVCの文で補語の形容詞が比較級more efficientになっている

② The new product works more efficiently than the old one. (新しい製品は古い製品より効率よく動く)

　　　主語(S)　　　　動詞(V)　　　　　　　　※ SVの文で前の動詞を修飾する副詞が比較級more efficientlyになっている

③ The analyst considered the report as reliable as a newspaper article.

　　　主語(S)　　　動詞(V)　　　目的語(O)　　補語(C)　※ SVOCの文で補語の形容詞が原級のままas ～ asに挟まれている

(アナリストはその報告書を新聞記事と同じくらい信頼できると考えた)

④ The analyst considered the report more carefully than before.

　　　主語(S)　　　動詞(V)　　　目的語(O)　　※ SVOの文で前の動詞を修飾する副詞が比較級になっている

(アナリストはその報告書を前より注意深く検討した)

★ 形容詞と副詞のどちらを入れればいいか迷ったら、as ～ asやthan以下を取って文を単純化してチェック！

> The plumber works as ------- as possible. 空所に入るのは (cautious・cautiously) どちらでしょう？

　The plumber works -------. 青字の部分を外してみると、「その配管工は働く」という文になります。正解は動詞worksを後ろから修飾する副詞のcautiouslyです。

ナビクイズ → Part 5の例題にチャレンジ！

Although Ridgemont's buses are ------- than Franklin's, they seem to have more breakdowns.
　　　　　　　　　　　　　　　　　　❷

(A) newly ┐
(B) newest │
(C) new　　├ ❶
(D) newer ┘

❶ 選択肢にさまざまな比較の形が並んでいる問題。比較問題では、❷ 空所の前後を確認しよう。空所の後ろにはthanがあるので、(原級・比較級) を選ぶ。選択肢の語尾に (-er・-est) が付いている ((A)・(B)・(C)・(D)) が正解。

解説　❶ 選択肢にさまざまな比較の形が並んでいる問題。比較問題では、❷ 空所の前後を確認しよう。空所の後ろにはthanがあるので、(原級・比較級) を選ぶ。選択肢の語尾に (-er・-est) が付いている ((A)・(B)・(C)・(D)) が正解。
(A) newly 副 原級 新たに　(B) newest 形 最上級 最も新しい　(C) new 形 原級 新しい
(D) newer 形 比較級 より新しい

訳　Ridgemontのバスは Franklinのバスより新しいけれど、それらはより故障が多いようだ。

Let's try

49

 Part 5の問題にチャレンジ!

1. The HB-V is ------- known than any of the other vehicles Brisk Automobiles currently produces.

(A) more widely

(B) most widely

(C) widely

(D) wide

比較の問題。「(前・後ろ) を確認し、asなら (原級・比較級)、thanなら (原級・比較級)」を選ぼう。空所 (前・後) に (原級・比較級・最上級) の目印thanがある。(more・most) が (付く・付かない) ((A)・(B)・(C)・(D)) が正解。

2. As ------- as 200 people turned up for the product launch in Tokyo.

(A) more

(B) most

(C) many

(D) mostly

クイズ

比較の問題。空所後を見ると (原級・比較級・最上級) の目印asがある。asに挟まれている空所には形が (変化した・変化しない) (原級・比較級・最上級) が必要。((A)・(B)・(C)・(D)) を選べば、後ろの数字を強調する「〜もの」という意味のかたまりが完成する。

1. vehicle 名 車両　　currently 副 現在　　produce 動 〜を製造する

2. turn up 出席する　　launch 名 新発売、開始

50

3. As the glasses are fragile, it is important to package them as ------- as possible.

(A) secure
(B) more secure
(C) securest
(D) securely

クイズ

比較の問題。asに挟まれている空所には形が (変化した・変化しない) (原級・比較級・最上級) が入るので選択肢は2つに絞り込まれる。決め手は「外してチェック」。as ------- as possibleを外して、選択肢だけを入れてみよう。自然な意味「それらを (頑丈な・頑丈に) 梱包(こんぽう)する」となるのは (形容詞・副詞) の ((A)・(B)・(C)・(D)) だ。

4. Shipments ------- than 2,000 units may take three days to arrive.

(A) largest
(B) larger
(C) large
(D) largely

クイズ

比較の問題。空所後を見ると (原級・比較級・最上級) の目印thanがある。空所には形が (変化した・変化しない) (原級・比較級・最上級) が必要なので、((A)・(B)・(C)・(D)) が正解。

Words & Phrases

3. fragile 形 こわれやすい　　important 形 重要な　　package 動 ～を梱包(こんぽう)する
4. shipment 名 発送　　unit 名 個　　take 動 ～ (時間) がかかる

▶▶ 解答・解説は140ページ

文法問題④
関係代名詞・関係副詞

which lives in water

whose tail is white

ナビポイント 3カ条

➤ 関係代名詞を選ぶ問題では、空所の後に「動詞」「名詞」「主語＋動詞」のどれが来ているかがヒントになるよ。

➤ 先行詞がない場合は**what**だよ。

➤ 関係詞の後に不完全な節が来ていたら関係代名詞、完全な節が来ていたら関係副詞を選ぼう。

11では関係代名詞と関係副詞を学びます。2つを総称して関係詞と言います。

関係代名詞

関係代名詞は2つの節を関係させて接続する代名詞です。名詞の後ろについて、その名詞に説明を加えます。説明される名詞のことを先行詞と言います。先行詞と関係代名詞の役割によって種類が変わってきます。

先行詞 ＼ 格	主格（主語になる） 直後に動詞	所有格（「～の」所有） 直後に名詞	目的格（目的語になる） 直後に主語＋動詞が続く
人	who	whose	who(m) ※省略可
人以外	which	whose	which ※省略可
両方可	that	—	that ※省略可

上の関係代名詞を使って、2つの文を1つに結びつけてみましょう。

主格 ：He has a friend. ＋ The friend works for an electronics company.

　　　He has a friend [who works for an electronics company].

　　　（彼には電気会社で働いている友人がいる） ※主格の関係代名詞＋動詞

所有格：She likes the company. ＋ The company's products are creative.

　　　She likes the company [whose products are creative].

　　　（彼女は製品が創造的なその会社が好きだ） ※所有格の関係代名詞＋名詞 ※whoseの前後が「の」でつながる

目的格：I called the accountant. ＋ You know him well.

　　　I called the accountant [whom you know well].

　　　（私はあなたがよく知っている会計士に電話した） ※目的格の関係代名詞＋主語＋動詞 ※後ろの節に目的語なし

★ 先行詞が「人」か「人以外」かと「格」をチェックしましょう。
★ 関係代名詞の格を選ぶときは、その直後に何が来ているか（動詞／名詞／主語＋動詞）がヒントになります。
★ 関係代名詞の後は、不完全な節（主語がない、目的語がないなど不完全な状態）が来ます。

関係代名詞の what

左ページの関係代名詞の他にも、先行詞を必要としない関係代名詞 what があります。what = the thing that で、「～のもの／～のこと」という意味です。先行詞がすでに what の中に含まれています。

[What I was looking for] was this product. (私が探していたものはまさにこの製品だった)

関係副詞

関係副詞は2つの文を関係させて接続する副詞の代わりをする語です。関係副詞の種類は4つあります。

先行詞が場所＝where　先行詞が時＝when　先行詞が理由＝why　方法＝how

場所：This is the company. ＋ He works at the company.

This is the company [where he works]. (これは彼が働いている会社だ)

時　：I remember the time. We first met at the time.

I remember the time [when we first met]. (私は我々が初めて会った時を覚えている)

理由：You need to explain the reason. ＋ You came late.

You need to explain the reason [why you came late]. (あなたは遅れて来た理由を説明する必要がある)

＊the reason は省略可

OK You need to explain why you came late.

方法：Please tell me. ＋ He fixed this machine.

Please tell me [how he fixed this machine]. (彼がこの機械をどう直したか教えてください)

★関係副詞の後は、完全な節（主語、動詞、目的語などがそろって完全な状態）が来ます。

★空所の後に名詞があって、空所の前後が「の」でつながらなければ関係副詞を入れましょう。

ナビクイズ **Part 5の例題にチャレンジ！**

Customers ------- fill out a survey will receive 5 percent off their next purchase.

(A) whose

(B) which

(C) who

(D) when

❶ 選択肢に関係詞が並んでいる問題。❷ 空所の前に先行詞の(人・もの)を表す名詞があり、❸ 空所後は(動詞・形容詞)があるので、空所には(主格・所有格)の((A)・(B)・(C)・(D))を選ぶ。

解説　❶ 選択肢に関係詞が並んでいる問題。❷ 空所の前に先行詞の(人・もの)を表す名詞があり、❸ 空所後は(動詞・形容詞)があるので、空所には(主格・所有格)の((A)・(B)・(C)・(D))を選ぶ。

(A) whose 所有格の関係代名詞　(B) which 関係代名詞　(C) who 主格・目的格の関係代名詞　(D) when 関係副詞

訳　調査用紙に記入した客は次回5%オフで購入できるだろう。

Let's try

右側縦書き：11 関係代名詞・関係副詞

Part 5の問題に チャレンジ！

1. Many products ------- are sold online cost less than they do in stores.

    (A) whose

    (B) where

    (C) that

    (D) what

クイズ

関係詞を選ぶ問題。先行詞があるか、空所直後は何か、後ろの節が完全かどうか、を確認する。空所前は (動詞・名詞) products。先行詞が (ある・ない) ので、(that・what) は不適切。空所直後が (名詞・動詞) areなので、(主格・目的格・所有格) の関係代名詞 ((A)・(B)・(C)・(D)) を選ぼう。

2. Employees ------- computers will be upgraded over the weekend should back up any important data.

    (A) whose

    (B) who

    (C) that

    (D) what

クイズ

関係詞の問題。空所前employeesは (動詞・名詞)。先行詞が (ある・ない) ので (that・what) は不適切。空所直後は名詞computers。空所に「の」を入れた「従業員『の』コンピューター」は意味が (つながる・おかしい) ので、(目的格・所有格) の関係代名詞 ((A)・(B)・(C)・(D)) が正解。

Words & Phrases

1. product 名 製品　　online 副 オンラインで　　cost 動 ～ (費用など) がかかる
　　less than ~　～より少ない

2. employee 名 従業員　　upgrade 動 ～をアップグレードする　　over ~ 前 ～にわたって
　　back up ~　～のバックアップを取る

3. Mr. Klimt submitted a report explaining ------- he did during his business trip.

    (A) that

    (B) what

    (C) which

    (D) where

クイズ

関係詞を選ぶ問題。空所前のexplaining「～を説明している」はreportを後ろから修飾する (現在分詞・過去分詞)。これは名詞 (だ・ではない)。空所直前に先行詞となる名詞が (ある・ない) ので、「～すること」を表す関係代名詞 ((A)・(B)・(C)・(D)) が適切。

4. Rental cars should be returned to the branch ------- they were rented.

    (A) who

    (B) what

    (C) that

    (D) where

クイズ

関係詞を選ぶ問題。空所前は (動詞・名詞) branch。先行詞が (ある・ない) ので (that・what) は不適切。空所後の受動態they were rentedは主語と動詞がそろって (いる・いない) ので、節が完成して (いる・いない) と分かる。(関係代名詞・関係副詞) ((A)・(B)・(C)・(D)) が正解。

11
関係代名詞・関係副詞

Words & Phrases

3. submit 動 ～を提出する   explain 動 ～を説明する   during ~ 前 ～の間に

    business trip 出張

4. rental 形 レンタルの   branch 名 支店   rent 動 ～を借りる、レンタルする

≫ 解答・解説は141ページ

time management

ナビポイント 3カ条

➤ **Part 6、7はタイムマネジメントがキー。解きやすい問題を優先しよう。**

➤ **Part 6は、設問が独立型か文脈依存型かを見極めよう。独立型を優先的に解こう。**

➤ **Part 7は、本文中の内容が言い換えられて選択肢に書かれている場合が多いよ。**

いよいよ長文に取り組んでいきましょう！ 12では Part 6 と Part 7 の解き方を学んでいきます。

Part 6

Part 6は長文穴埋め問題です。1文書は80語〜100語前後です。1文書につき4問出題されます。選択肢から空所に適した「語・句」を選ぶ問題が3問、「文」を選ぶ問題が1問です。Part 6全体で4文書、計16問が出題されます。600点を目指す人はまず10問の正解を目指しましょう。10分以内に解ければ理想的です。

Part 6の文書理解のポイント

❶ **何の文書なのかをつかもう！**

広告、お知らせ、記事、Eメール、手紙、社内メモなどさまざまな種類の文書が出題されます。

> でも大丈夫！指示文を読めばすぐ何の文書か分かるよ！

Questions 131-134 refer to the following article. ← ここに書いてあるよ！
article → 記事

❷ **情報の発信者と受信者をつかもう！**

文書の種類によって情報の発信者と受信者の関係は異なります。

広告、お知らせ、記事 → 特定の発信者から不特定の受信者へ → 特定の発信者が誰か内容から判断。

Eメール、手紙、社内メモ → 特定の発信者から特定の受信者へ → 文章上部のヘッダーに書いてあるよ！

❸ **文書のテーマや目的は何か？**

文書のテーマや文書を書いた目的は、最初に書かれています。 → タイトルと文書の最初の数行を見て！

❹ **重要な詳細情報は何か？**

依頼事項、セール情報、お得情報、注意事項、禁止事項など重要な情報を理解しよう。

> 日時や値段など数字の情報は要注意だよ。

Part 6の穴埋め問題には独立型と文脈依存型の2種類があります。選択肢を見てどちらかを判断しましょう。

独立型	空所がある文だけ見れば解ける。（解き方はPart 5と同じ）	品詞、態、関係詞などの問題
文脈依存型	空所がある文だけでは解けない。前後の文の文脈によって判断する。	時制、代名詞、接続詞、語彙、文選択などの問題

★ 独立型は文脈の流れが分からなくても解けます。優先的に解きましょう。

★ 前置詞や動詞の形の問題は、「独立型」と「文脈依存型」があります。
　空所前後から解けない場合は文脈を確認しましょう。

★ 「文」を選ぶ問題は難易度の高い問題です。難しいと思ったらスキップして構いません。より解けそうな問題に時間を使いましょう。正解が増えてスコアアップに直結します。

Part 7

Part 7は読解問題です。さまざまな種類の文書が出題されます。1つの文書を読んで2〜4問の設問に答える問題が10セットと、複数文書（2文書か3文書）を読んで5問の設問に答える問題が5セット出題されます。問題数は全部で54問です。600点を目指す人は、まず32問の正解を目指しましょう。

設問の種類によって難易度が高いか低いかはある程度判断できます（99ページ参照）。難易度の高い問題に挑戦して時間を費やすよりは、解けそうな問題を選んで確実にできるだけ多く正解していくこともスコアを伸ばす秘訣です。時間は50分〜55分を目安にしましょう。

Part 7の文書理解のポイント

① **文書理解のポイントはPart 6とPart 7はほぼ同じです。**

　情報の発信者、受信者、文書のテーマ、目的、重要情報を理解しながら読もう。

② **Part 7では幅広いジャンルの文書が出題されます。**

　チャット問題や表が掲載されている文書など、解きやすいものから解いていこう。

③ **設問の種類によって、難易度が大体分かります。（99ページ参照）**

　文書の目的や登場人物の職業、詳細情報を問う問題、語彙問題などは比較的解きやすい問題だよ。

④ **本文中で書かれている内容が選択肢の中で言い換えられている場合が多くあります。**

　言い換えを見抜こう。違う表現で言い換えられている選択肢が正解だよ。

⑤ **設問のヒントは本文中で順番に出てくるパターンが多くあります。**

　設問文を先に読む→本文を上から読みながら該当する箇所を探す→選択肢から適切なものを選ぶ→次の設問を読む、というステップを繰り返しながら解いていこう。

 **Part 6の例題に チャレンジ！**

Questions 1-4 refer to the following ❶ memo. 　文書の種類をチェック

---

❷ **MEMO**

❸ To: Bryant Foods Executives

❹ From: Max Chang

❺ Subject: Bendigo Yogurt

Dear Executives,

❻ As you know, yogurt sales have dropped ------- in comparison to our other products.
1.
❼ Rather than spend time and money ------- to investigate the issue, ❽ I believe that we
2.
should sell our yogurt business including the brand name and the production plant.
-------. ❾ Naturally, I would like to consider your input first. ❿ I have agreed to provide a
3.
response by Monday next week. I am planning a meeting with all of you ------- ⓫ then to
4.
discuss the idea. Please let me know when you will be available.

Sincerely,

Max Chang

まず❶～❺の情報を確認する。
❶❷ →この文書はメモ（社内業務連絡）
❸ →宛先：Bryant Foodsの役員
❹ →差出人：Max Chang
❺ →件名：Bendigo ヨーグルト

---

1. (A) significance
(B) significant
(C) signification
(D) significantly

まず選択肢を見ると（品詞・動詞の形）を問う問題だと判断できる。品詞問題は（独立型・文脈依存型）の問題だ。❻の文を見ると主語はyogurt sales、動詞はhave droppedで、空所の後は前置詞があるので、前置詞の前で意味の区切りができる。動詞dropは、他動詞「落とす」と自動詞「落ちる」の意味がある。ここでは主語がyogurt sales「ヨーグルトの売り上げ」なので、自動詞の「落ちる」という意味で使われていると分かる。空所には自動詞を修飾する（副詞・形容詞）が入ると判断できる。選択肢の語尾から（(A)・(B)・(C)・(D)）が正解。

解説 まず選択肢を見ると（品詞・動詞の形）を問う問題だと判断できる。品詞問題は（独立型・文脈依存型）の問題だ。❻の文を見ると主語はyogurt sales、動詞はhave droppedで、空所の後は前置詞があるので、前置詞の前で意味の区切りができる。動詞dropは、他動詞「落とす」と自動詞「落ちる」の意味がある。ここでは主語がyogurt sales「ヨーグルトの売り上げ」なので、自動詞の「落ちる」という意味で使われていると分かる。空所には自動詞を修飾する（副詞・形容詞）が入ると判断できる。選択肢の語尾から（(A)・(B)・(C)・(D)）が正解。

選択肢訳 (A) significance 名 重要性　(B) significant 形 重要な　(C) signification 名 表示　(D) significantly 副 著しく

Words & Phrases

in comparison to ~ ～と比較すると　　rather than ~ ～よりもむしろ

investigate 動 ～を調査する　　issue 名 問題　　plant 名 工場　　input 名 考え

58

2. (A) trying

(B) tried

(C) to try

(D) as trying

まず選択肢を見ると（動詞の形・品詞）を問う問題だと判断できる。❼の空所の前を見るとspend という動詞がある。spend＋目的語＋（-ing・to不定詞）で、「目的語を〜に費やす」という意味になるので、((A)・(B)・(C)・(D)）が正解と分かる。

解 説 まず選択肢を見ると（動詞の形・品詞）を問う問題だと判断できる。❼の空所の前を見るとspend という動詞がある。spend＋目的語 ＋（-ing・to不定詞）で、「目的語を〜に費やす」という意味になるので、((A)・(B)・(C)・(D)）が正解と分かる。

選択肢訳 (A) trying 現在分詞　(B) tried 過去形、過去分詞　(C) to try「to不定詞」　(D) as trying as+-ing

「文」を選ぶ問題は難しいので、一緒に解いてみましょう。

3. (A) We can get more for it if we improve profits.　もし我々が利益を伸ばせばもっと稼げる。

(B) I recently received an offer from Biggers Dairy in this regard.

私は最近この件でBiggers Dairyからオファーを受けた。

(C) I came to a decision after meeting with an accountant.　会計士と会議をした後決心した。

(D) The new products are selling better than we had hoped.　その新しい製品は期待したよりよく売れている。

解 説 これは文選択問題だ。「文脈依存型」なので、文脈から意味を確認する必要がある。前文の❽でヨーグルトビジネスを（売却する・改革する）提案をしている。空所後には❾「あなた方の意見を先に聞きたい」❿「返事を来週の月曜日までにすることになっている」と書かれている。つまりオファーがあって、その相手に返事をしなければいけないと考えるのが自然なので ((A)・(B)・(C)・(D)）が正解と分かる。

4. (A) before

(B) after

(C) until

(D) since

どの選択肢も時を表しているので時間に注目しよう。❿の文中で、by Monday next week「来週の月曜日までに」返事をすることになっていると述べている。そして by Monday next weekを⓫thenに置き換えて（その前に・その後に・それまでずっと・それ以来）会社の全役員とこのアイディアを話し合うための会議を開きたい、と述べている。意味を考えると ((A)・(B)・(C)・(D)）が正解と分かる。

解 説 どの選択肢も時を表しているので時間に注目しよう。❿の文中で、by Monday next week「来週の月曜日までに」返事をすることになっていると述べている。そして by Monday next weekを⓫thenに置き換えて（その前に・その後に・それまでずっと・それ以来）会社の全役員とこのアイディアを話し合うための会議を開きたい、と述べている。意味を考えると ((A)・(B)・(C)・(D)）が正解と分かる。

選択肢訳 (A) before 〜の前に　(B) after 〜の後に　(C) until 〜までずっと　(D) since 〜以来

全文訳

問題1- 4は次のメモ（社内業務連絡）に関するものです。

メモ　宛先：Bryant Foodsの役員各位　差出人：Max Chang　件名：Bendigoヨーグルト

役員の皆さま

皆さまもご存じの通り、ヨーグルトの売り上げは他の製品に比べて著しく落ち込んでいます。時間とお金をこの件の調査にかけようとするより、ブランド名と製品工場も含めてヨーグルトビジネスを売却するべきだと思います。私は最近この件でBiggers Dairyからオファーを受けました。もちろん、まず皆さまのお考えを伺いたいと思います。私は来週の月曜までに返事をすることに同意しております。その前にこの件について話し合うため、皆さまとのミーティングを計画しております。いつご都合がいいかご連絡ください。　敬具　Max Chang

 Let's try

Questions 1-4 refer to the following article.

(May 10)—Residents of Eagle Street and Douglass Avenue have received letters from the Colbert City Council advising them that it will no longer be ------- for residents to park cars on the street in front of their homes. This
　　　1.
decision was made after the council received a large number of complaints from motorists ------- that the number of parked cars was causing
　　　　　　　　　　　　　2.
problems. According to the city council letter, the rule goes into effect next month. -------.
　　　　3.

Many residents have already complained that this change was unanticipated. They point out that they ------- to pay to keep their cars at a
　　　　　　　　　　　　　　　　　　　　　　　4.
local parking garage.

Words & Phrases

(記事)

resident 名 住人　　city council 市議会　　no longer ~ もう〜ない

park 動 ~を駐車する　　in front of ~ 〜の前に　　decision 名 決定

a large number of ~ 多数の〜　　complaint 名 苦情　　motorist 名 ドライバー

the number of ~ 〜の数　　cause 動 ~を引き起こす　　according to ~ 〜によると

go into effect 実施される　　complain that ~ 〜と不満を言う

unanticipated 形 予期せぬ　　point out that ~ 〜だと指摘する

(設問)

turn down ~ 〜を却下する　　application 名 応募、申請　　entirely 副 完全に

industrial 形 工業の　　sign 名 看板、標識　　install 動 ~を設置する

affect 動 ~に影響する　　be forced to do 〜するよう強いられる

1.
(A) allowing
(B) allowance
(C) allow
(D) allowable

クイズ

品詞を選ぶ問題は（文脈依存型・独立型）の問題なので、（優先的に解こう・後回しにしてもよい）。空所前にbe動詞、空所後は前置詞forの前で意味の区切りができる。be動詞の後ろに必要なのは性質を表す（名詞・形容詞）だ。（名詞・形容詞）の語尾（-ance・-able）が付いている（(A)・(B)・(C)・(D)）が正解。

2.
(A) claiming
(B) to be claimed
(C) is claiming
(D) claimed

クイズ

動詞claimの形を選ぶ問題。空所後には動詞claimの目的語となるthat節があるので（能動態・受動態）ではない。after以降には本動詞receivedがすでにある。英語のルール「1つの節に1つの本動詞」に従って、claimは本動詞以外の形を選ぼう。後ろから前のmotoristsを修飾できる（現在分詞・過去分詞）の語尾（-ing・-ed）が付いた（(A)・(B)・(C)・(D)）が正解。

3.
(A) The council turned down the application.
(B) The area is entirely industrial.
(C) New signs will be installed on June 1.
(D) This affects every street in Colbert City.

クイズ

文選択問題は、（文脈依存型・独立型）の問題なので、（優先的に解こう・後回しにしてもよい）。前文で話題になっているのは、路上駐車禁止規則の（却下・地域・実施時期・適用範囲）。記事の日付は（5月・6月）で、規則の発効は（5月・6月）から、つまり（現在・過去・未来）だ。話題と時間が合致する（(A)・(B)・(C)・(D)）が正解。

4.
(A) had been forced
(B) will be forced
(C) were being forced
(D) were forced

クイズ

動詞の形を選ぶ問題。空所後の内容「地域の駐車場に車を入れておくのにお金を支払う」のはいつなのかを確認しよう。駐車場が必要になるのは路上駐車が禁止される（5月・6月）から。（過去・未来）を表す（(A)・(B)・(C)・(D)）が正解。

≫ 解答・解説は142ページ

Part 7の問題に チャレンジ！

Questions 5-7 refer to the following advertisement.

The Annual Garret Trade Fair

The Annual Garret Trade Fair will be held at Brighton Convention Center from August 17 to August 20. It is an excellent opportunity for manufacturers in a wide variety of industries to demonstrate their products to potential customers. Last year, the conference attracted as many as 20,000 visitors, which is an increase of some 12 percent over the previous year.

We have booths of various sizes still available. There is a 10 percent discount for businesses that reserve their booths before March 15. If you are interested, please call our reservations line at 555-7382 and speak to one of our friendly consultants.

As an added attraction, the Brighton Chamber of Commerce is throwing a welcome party for participants on the first night of the fair. It includes free refreshments and entertainment from local providers.

Words & Phrases

（広告）

following 形 次の　　advertisement 名 広告　annual 形 年に一度の　　trade fair 展示会
be held 開催される　　convention 名 会議　　excellent 形 素晴らしい
opportunity 名 機会　　manufacturer 名 製造業者　　a wide variety of ~ さまざまな〜
industry 名 業界　　demonstrate 動 〜を実演する　　product 名 製品
potential customer 見込み客　　conference 名 会議　　attract 動 〜をひきつける
visitor 名 訪問客　　increase 名 増加　　some 副 約　　previous 形 以前の
booth 名 ブース　　various 形 さまざまな　　available 形 利用できる
discount 名 割引　　reserve 動 〜を予約する　　interested 形 興味のある
added 形 追加の　　attraction 名 呼び物　　chamber of commerce 商工会議所
throw 動 〜を開催する　　participant 名 参加者　　include 動 〜を含む
free 形 無料の　refreshments 名 軽食　　provider 名 提供者

5. What is the purpose of the advertisement?

(A) To explain the attractions
of a holiday destination

(B) To attract exhibitors to
a promotional event

(C) To promote a new product

(D) To publicize an employment
opportunity

クイズ

Part 7では、followingの後ろの文書の種類とタイトルを必ず確認しよう。タイトルのtrade fair (展示会・就職説明会) がヒント。ビジネス文書の目的は (冒頭・最後) に書いてある。2文目から、このイベントは製造業者が (呼び物を説明する・商品を見せる・雇用を促す) 機会を提供すると分かるので、((A)・(B)・(C)・(D)) が正解。

6. How can businesses get a discount?

(A) By making a reservation
by a certain date

(B) By using a special coupon

(C) By mentioning the advertisement

(D) By joining the Brighton
Chamber of Commerce

クイズ

設問中のキーワード (businesses・discount) を探そう。第2段落で (割引期日・クーポン・入会方法) について説明しているので、正解は ((A)・(B)・(C)・(D)) だ。文書内にある設問キーワードの近辺から答えを探そう。

7. What will be held on August 17?

(A) A business seminar

(B) A sporting event

(C) A welcome party

(D) A factory tour

クイズ

設問中のキーワードはAugust 17だ。第 (1・3) 段落から、この日はイベントの初日だと分かる。また、第 (1・3) 段落に、最初の夜に商工会議所が開催するイベントについて書いてある。2つの情報を組み合わせれば、正解は ((A)・(B)・(C)・(D)) だと分かる。

Words & Phrases

(設問)

purpose 名 目的　explain 動 ～を説明する　attraction 名 呼び物　destination 名 目的地　exhibitor 名 出展者　promotional 形 宣伝の　promote 動 ～を販売促進する　publicize 動 ～を公表する　employment 名 雇用　business 名 企業　make a reservation 予約する　certain 形 ある、特定の　date 名 日付　mention 動 ～に言及する　join 動 ～のメンバーになる　be held 開催される　sporting event スポーツの催し物　factory tour 工場見学会

解答・解説は144ページ

13 文脈理解②　代名詞

Some are on land.

> **ナビポイント 3カ条**
>
> ➤ 選択肢の代名詞の格が違うときは、文の中の役割を考えて選ぼう。
>
> ➤ 選択肢の代名詞の格が同じときは、代名詞が指す人・ものが何かを文脈から判断しよう。
>
> ➤ 文選択や文挿入問題では、選択肢の文中の代名詞が指すものが前の文に示されているかがヒントになる場合があるよ。

13では「名詞の代わりになる詞」である代名詞に関して学んでいきます。

代名詞の格変化

文の中で何度も同じ名詞を使う代わりに、名詞に代わる詞、代名詞で言い換えて表現します。

代名詞は文の中で果たす役割によって形が変わります。これを格変化と呼びます。主語の名詞の代わりなら主格、目的語の名詞の代わりなら目的格という具合です。代名詞の格変化を見ていきましょう。

		主格 ～は	所有格 ～の	目的格 ～を/～に	所有代名詞 ～のもの	再帰代名詞 （～自身）
単数	私	I	my	me	mine	myself
	あなた	you	your	you	yours	yourself
	彼	he	his	him	his	himself
	彼女	she	her	her	hers	herself
	それ	it	its	it		itself
複数	私たち	we	our	us	ours	ourselves
	あなたたち	you	your	you	yours	yourselves
	彼（彼女）ら、それら	they	their	them	theirs	themselves

格が異なる問題の解き方

違う格の代名詞が選択肢に並んでいる設問では、空所の場所に注目しましょう。

①動詞の前→主格、②名詞の前→所有格、③他動詞の後→目的格、④名詞を伴わず単独で所有を表す→所有代名詞、⑤名詞の後に付く→再帰代名詞

左ページの表を見ながらそれぞれの問題を解いていきましょう。

①Ms. Carter called the customer representative because ------- had a question.

  (A) she (B) her (C) hers (D) herself

空所は動詞の前にあります。主語＋動詞の主語の部分が空所になっていますから主格の代名詞を選びましょう。

主語のMs. Carterに代わる主格の代名詞、(A) she が正解です。

(Carterさんは顧客担当者に電話した。なぜならば彼女は質問があったから)

②Mr. Klimt confirmed ------- reservation with the hotel.

  (A) he (B) his (C) him (D) himself

空所は名詞の前にあります。誰のreservation（予約）かを説明する所有格の代名詞を選びましょう。

「Mr. Klimtの予約＝彼の予約」という意味を表す (B) his が正解です。

(Klimtさんはホテルに彼の予約を確認した)

③Her clients asked Ms. Polanski if she could see ------- tomorrow.

  (A) they (B) their (C) them (D) theirs

空所は他動詞の後にあります。他動詞seeの目的語がないので、空所には目的格の代名詞を選びましょう。

彼女が her clients に会えるかどうか聞いているので、目的格の代名詞、(C) them が正解です。

(顧客たちはPolanskiさんに、明日彼らに会えるかどうか尋ねた)

④Several companies have launched new products, but ------- is the best.

  (A) we (B) our (C) us (D) ours

空所は動詞isの前にありますので、主語になれる代名詞が必要です。

主格の代名詞 (A) weを入れると動詞のisと合いません。他に主語になれるのは、1語で「～のもの」という意味を表す所有代名詞の (D) oursです。＊ours = our product

(いくつかの会社が新しい製品を発売しているが、私たちのものが一番いい)

⑤He fixed the copy machine -------.

  (A) he (B) his (C) him (D) himself

空所は名詞の後ろです。名詞の後の空所に入れられるのは再帰代名詞の (D) himselfです。

(彼はコピー機を自分自身で直した)

＊himselfの代わりにby himselfという形でも入れることができます。

同じ格の代名詞が選択肢に並んでいて、それぞれ指す人やものが異なる設問は文脈を考えて解きます。

> If you purchase our machine, I can train ------- employees how to use it.
>
> (A) my　(B) its　(C) our　(D) your

選択肢には所有格の代名詞が並んでいます。「誰の従業員」を訓練するのかが問題です。機械を購入するかもしれないのはyouなので、使い方を訓練されるのはyour employeesです。(D) yourが正解です。

(もしあなたが私たちの機械を購入するなら、その使い方に関して私はあなたの従業員を訓練することができる)

★ 空所に入る代名詞が指すのは、人かものか、単数か複数かを判断して解きましょう。

★ 長文の中では、代名詞が何を指すかが前の文に示されていることが多くあります。文選択問題や文挿入問題で、文の中に代名詞があれば、その代名詞が前の文の語句に対応しているかどうかがヒントになります。

その他の代名詞

① すでに出た語・句・節を代名詞itで表すことがあります。

I wanted to attend the conference, but it wasn't possible. (会議に出席したかったがそれは無理だった)

② 特定の人やものを指すのではなく、不特定の人やものを指す代名詞を不定代名詞といいます。

some (不特定の何人か・いくつか)、others (不特定の別の何人か・いくつか) なども不定代名詞です。

○○○ ○○ ○○○○　　　some ：不特定多数の中のいくつか

some (いくつか)　others (別のいくつか)　　others ：不特定多数の中の別のいくつか

Some like to spend lots of money while others prefer saving.

(お金をたくさん使うのが好きな人もいれば貯金を好む人もいる)

ナビクイズ　Part 5の例題にチャレンジ！

Mr. Browne's coworkers organized a party to celebrate ------- retirement.

(A) his

(B) he

(C) him

(D) himself

❶選択肢に (格が違う・格が同じ) 代名詞が並んでいる問題。❷空所の後ろには (動詞・名詞) があるから空所には (主格・所有格) の代名詞が入る。正解は ((A)・(B)・(C)・(D)) だと判断できる。

解説　①選択肢に (格が違う・格が同じ) 代名詞が並んでいる問題。②空所の後ろには (動詞・名詞) があるから空所には (主格・所有格) の代名詞が入る。正解は ((A)・(B)・(C)・(D)) だと判断できる。
　　　(A) his 所有格 彼の　(B) he 主格 彼　(C) him 目的格 彼を　(D) himself 再帰代名詞 彼自身

訳　Browneさんの同僚たちは彼の退職を祝うためにパーティーを計画した。

Let's try

 **Part 5の問題に チャレンジ！**

1. Ms. Carter meets with most of ------- clients once a month.

    (A) hers
    (B) her
    (C) she
    (D) herself

クイズ

選択肢には (人が異なる・人が同じで格違いの) 代名詞が並んでいる。空所前後を確認しよう。空所前に前置詞of、空所後に名詞clientsがある。前置詞ofの後ろに (主語・目的語) となる名詞のまとまりを作ろう。名詞clientsに (所有格・主格) の代名詞 ((A)・(B)・(C)・(D)) を付ければよい。

2. When taking business trips, employees of Carter Software make all travel arrangements -------.

    (A) they
    (B) their
    (C) them
    (D) themselves

クイズ

選択肢には (人が異なる・人が同じで格違いの) 代名詞が並んでいる。空所前を確認しよう。空所前の単語は (複数の・三人称単数の) -sが付いた (名詞・動詞) だ。その場合は、(目的格代名詞・再帰代名詞) を選べば、(彼ら自身を・彼ら自身で) と強調する意味が加わる。正解は ((A)・(B)・(C)・(D)) だ。

13 代名詞

Words & Phrases

1. most of ~ 〜のほとんど   client 名 顧客   once a month 1カ月に1回

2. business trip 出張   employee 名 従業員   arrangement 名 手配

▶▶ 解答・解説は146ページ

Part 6の問題にチャレンジ！

Questions 3-6 refer to the following information.

Dear Guests,

Management ------- that Carlotto's Italian Restaurant is currently closed for
3.
renovations. Please consider one of Hamilton Inn's other award-winning
restaurants, including Captain's Cove and Mikado.

Otherwise, Brasco's Bistro right next door has an excellent reputation for
quality pizza and pasta. -------.
4.

The work on Carlotto's Italian Restaurant ------- until mid-June. It will
5.
reopen with exciting new décor and an expanded menu. Please be sure to
check ------- out when you next stay at the Hamilton Inn.
6.

Sincerely,

Management

---

3. (A) regretful
(B) regrettable
(C) regretfully
(D) regrets

〔クイズ〕

(品詞・動詞の形) 問題。他の文を参照 (する文脈依存型・しない独立型) なので、(優先的に解こう・後回しにしてもよい)。空所前に主語 management、空所後は「現在は改装のため閉店している」という that 節だ。that 節が (主語・目的語) になる (形容詞・動詞)((A)・(B)・(C)・(D)) が正解。

4. (A) Please pass your invitation to one of the people at reception.
(B) The staff at Carlotto's is ready to welcome you back.
(C) You can make a reservation by calling 555-3849.
(D) It takes only 10 minutes by train.

〔クイズ〕

文選択問題。他の文を参照 (する文脈依存型・しない独立型) なので、(優先的に解こう・後回しにしてもよい)。前文の話題は (Carlotto's Italian Restaurant・Brasco's Bistro) についてで、(電車で行ける場所・隣) にある。イベントへの招待については言及して (いる・いない)。したがって、文脈に合う ((A)・(B)・(C)・(D)) が正解。

5. (A) took
 (B) will take
 (C) has taken
 (D) takes

動詞の形を選ぶ問題。文脈依存型だが、前後の文の時制を確認して挑戦しよう。Carlotto's Italian Restaurantは現在 (開店・改装) 中なので、工事終了の6月中旬は (現在・過去・未来) だ。((A)・(B)・(C)・(D)) を選べば話題にも、(前の文・次の文) の時制とも合致する。

6. (A) theirs
 (B) them
 (C) it
 (D) him

(格・指すもの) が異なる代名詞の問題。空所前後のcheck〜outは「〜に注目する」という意味。何に注目するのか。空所 (前・後) の文脈を確認しよう。話題になっているのは、改装後に再開する (ホテルの客室・レストラン) だ。これを代名詞で表すには (単数・複数) の ((A)・(B)・(C)・(D)) が適切。

13
代名詞

Words & Phrases

(案内)

guest 名 客　　management 名 経営陣　　currently 副 現在　　renovation 名 改装

consider 動 〜を考慮する　　award-winning 形 受賞歴のある　　include 動 〜を含む

otherwise 副 そうでなければ　　right 副 ちょうど　　next door 隣に　　reputation 名 評判

quality 形 質の良い　　until 〜 前 〜までずっと　　mid-June 6月中旬　　reopen 動 再開する

exciting 形 ワクワクする　　décor 名 装飾品　　expand 動 〜を拡大させる、発展させる

be sure to do 必ず〜する　　stay 動 滞在する　　sincerely 敬具 (Eメールや手紙の結辞)

(設問)

pass 動 〜を手渡す　　invitation 名 招待 (状)　　reception 名 受付　　be ready to do
〜する用意ができている　　welcome 動 〜を歓迎する　　make a reservation 予約する

take 動 〜 (時間など) がかかる　　by train 電車で (byは交通手段を表す)

≫≫ 解答・解説は147ページ

14 文脈理解③
接続詞

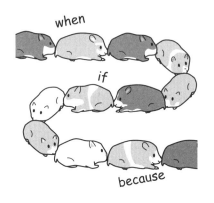

when
if
because

ナビポイント **3カ条**

▶ 接続詞の前後の節の意味を確認して、時、条件、理由、逆接など適する接続詞を入れよう。

▶ セットで使う接続詞（both A and B など）は相方を選択肢の中から見つけよう。

▶ 直後に節（主語＋動詞）があれば接続詞、句（主語も動詞もないかたまり）があれば前置詞を入れよう。

14では単語、句、節を「接続する詞」である接続詞を学んでいきます。

接続詞の種類

接続詞は時、条件、理由、逆接などの節（従属節）を作り、メインの節（主節）を説明する働きをします。

①時を表す		②条件を表す	③理由を表す	④逆接を表す
when ～するときに	while ～する間に	if もし～ならば	because ～なので	but しかし
before ～する前に	after ～した後に	as long as ～する限り	as ～なので	(al)though ～にも関わらず
until ～するまでずっと	once いったん～すると	unless ～しない限り	since ～なので	even though ～にも関わらず

接続詞の後には節（主語＋動詞）が来ます。例文を見てみましょう。

①時を表す接続詞

He was waiting while the mechanic was repairing the car.
　　　　　　　　接続詞　　　主語　　　　　動詞　　＊接続詞while以降は従属節として主節を説明している
（機械工が車を修理している間彼は待っていた）

Before Mr. Zack left his house, he called his coworker. （Zackさんは家を出る前に、同僚に電話した）
接続詞　　主語　動詞　　　　　　　　　　　＊接続詞は文頭に置くこともできる。その場合は節の後にカンマが必要

②条件を表す接続詞

The plan will be approved as long as it does not exceed the budget.
　　　　　　　　　　　　　接続詞　　主語　動詞　＊as long as（～する限り）とunlessを混同しないよう注意
（予算が超過しない限り計画は承認されるだろう）

The plan will be approved unless it exceeds the budget. （予算が超過しない限り計画は承認されるだろう）
　　　　　　　　　　　　接続詞　主語　　動詞　＊unless（～しない限り）はnotが意味に含まれている

③理由を表す接続詞

He called the clients as some ploblems had happened. (問題が発生したので彼は顧客に電話した)
　　　　　　　　　　接続詞　　主語　　　　　　　　動詞

Because an employee retired, the company hired someone else.
接続詞　　　　主語　　　　動詞

(従業員がひとり退職したので会社は他の人を雇った)

④逆接を表す接続詞

She went to the music festival even though it was rainy. (雨が降っていたにも関わらず彼女は音楽祭に行った)
　　　　　　　　　　　　　　　　　接続詞　　主語 動詞

Although he was tired, he worked hard. (彼は疲れていたにも関わらず、一生懸命働いた)
接続詞　　主語　動詞

★「時」や「条件」を表すとき、whenやifの節の中では未来のことでも現在形で表します。

The new computer will be released when final confirmation is obtained.
　　主語　　　　　　動詞 (未来形)　　接続詞　　　主語　　　　　　動詞　※未来のことを表しているが
　　　　　　　　　　　　　　　　　　　　　　　　　　　　　　　　　　　　when以下は現在形

The new computer will be released if final confirmation is obtained.
　　主語　　　　　　動詞 (未来形)　接続詞　　　主語　　　　　　動詞　※未来のことを表しているが
　　　　　　　　　　　　　　　　　　　　　　　　　　　　　　　　　　　if以下は現在形

(最後の確認が取れたときに／取れたならば、新しいコンピューターは発売されるだろう)

相関接続詞

上記の他に、語の組み合わせで接続の意味を表す「相関接続詞」があります。相関接続詞の場合は組み合わせが決まっていますので、設問の中に対になる片方の語句があれば、もう片方を選択肢の中に探しましょう。

both A and B（AとBの両方とも）	either A or B（AかBのどちらか）
neither A nor B（AもBも〜でない）	not only A but also B（AだけでなくBも）

相関接続詞が主語の部分に使われるときは、単数として扱われるか複数として扱われるかに注意しましょう。

Both John and Susan are accountants. (JohnもSusanも2人とも会計士だ) ※複数扱い

Either e-mail or phone is fine. (Eメールか電話のどちらかで大丈夫だ) ※単数扱い

Neither John nor Susan is coming to the party. (JohnもSusanもどちらもパーティーに来ない) ※単数扱い

Not only John but also Susan speaks French. (JohnだけでなくSusanもフランス語を話す) ※単数扱い

接続詞と同じ意味を持つ前置詞

前置詞の中には、接続詞と同じ意味を持ち、句 (主語も動詞もないかたまり) を後ろに続けるものがあります。
設問の選択肢の中に理由・逆接などを表す接続詞と前置詞が混在している場合が多くあるので要注意です。

空所の直後に節 (主語＋動詞) があれば接続詞、句 (主語も動詞もないかたまり) があれば前置詞を選びます。

意味	接続詞（＋節）	前置詞（＋句）
～なので／～のため	because、since、as	because of、due to、owing to
～にも関わらず	(al)though、even though	in spite of、despite
～する間に／～の間に	while	during

接続詞と前置詞の用法の違いを見ていきましょう。

① She was promoted 〔 because she worked hard. ＊接続詞 because ＋主語＋動詞
because of her hard work. ＊前置詞 because of ＋名詞

（彼女は一生懸命働いたので昇進した）

② He went to the park 〔 although it was rainig. ＊接続詞 although ＋主語＋動詞
despite the rain. ＊前置詞 despite ＋名詞

（雨が降っていたにも関わらず彼は公園に出かけた）

③ I got a call from the client 〔 while I was in the meeting. ＊接続詞 while ＋主語＋動詞
during the meeting. ＊前置詞 during ＋名詞

（会議の間に私は顧客から電話をもらった）

> 次の文の空所には、(A) because　(B) if　(C) despite　(D) although のどれが入るでしょう？
>
> The new computer is very popular ------- the price is high.

後ろには節（主語＋動詞）があり、「値段は高いが人気がある」ので、逆接の接続詞 although が正解。

 **Part 5の例題にチャレンジ！**

The number of international visitors to the museum has increased -------
more airlines are providing flights to Auckland.

(A) although
(B) because
(C) unless
(D) during

❶ 選択肢に接続詞と前置詞が並んでいる問題。文全体の意味の流れに注目する。
❷ 空所の前では、「博物館への外国からの訪問者数が（増加している・減少している）」と述べている。❸ 空所の後では、「より多くの航空会社がAucklandに飛行機を飛ばしている」と述べている。空所の後には（節・句）が来ているので、理由を表す（接続詞・前置詞）の（(A)・(B)・(C)・(D)）が正解だと分かる。

解 説　❶ 選択肢に接続詞と前置詞が並んでいる問題。文全体の意味の流れに注目する。❷ 空所の前では、「博物館への外国からの訪問者数が（増加している・減少している）」と述べている。❸ 空所の後では、「より多くの航空会社がAucklandに飛行機を飛ばしている」と述べている。空所の後には（節・句）が来ているので、理由を表す（接続詞・前置詞）の（(A)・(B)・(C)・(D)）が正解だと分かる。

(A) although 接 ～にも関わらず　(B) because 接 ～なので
(C) unless 接 ～しない限り　(D) during 前 ～の間に

訳　より多くの航空会社がAucklandに飛行機を飛ばしているため、博物館への外国からの訪問者数が増加している。

Let's try

 **Part 5の問題にチャレンジ！**

1. Ice-cream sales have fallen ------- the additional money we have spent on advertising.

(A) while
(B) because of
(C) although
(D) despite

クイズ

適切な接続詞または前置詞を選ぶ問題。空所後が (節・句) であることを確認し、(意味・時制) をつかんでいこう。前半では売り上げが (増加・減少) した、空所後は「宣伝活動の追加費用」とあるので、前後は (理由・逆接・条件) でつながっている。(節・句) を続ける (接続詞・前置詞) で、かつ (理由・逆接・条件) を表す ((A)・(B)・(C)・(D)) が正解。

2. Mr. Vincent will take a vacation ------- he is needed at the merger negotiations.

(A) if
(B) once
(C) when
(D) unless

クイズ

選択肢には接続詞だけが並んでいるので、空所前後の (形の確認・意味の確認) をしていこう。前半では「Vincent さんが休暇に行く予定だ」、空所後は「彼は合併交渉で必要とされる」と述べられている。接続詞は (前・後ろ) の節と意味のかたまりを作る。常識的に、合併交渉で必要 (とされる・とされない) 場合に休暇を取るはずだ。(肯定・否定) の意味を含む (理由・条件) を表す ((A)・(B)・(C)・(D)) を選べば前後が自然につながる。

14 接続詞

Words & Phrases

1. sales 名 売り上げ　　fall 動 落ちる　　additional 形 追加の　　spend 動 〜を費やす
advertising 名 宣伝活動

2. take a vacation 休暇を取る　　merger 名 合併　　negotiation 名 交渉

>> 解答・解説は149ページ

Part 6の問題にチャレンジ！

Questions 3-6 refer to the following article.

(19 August)—The State Culinary Awards (SCA) ceremony ------- last night at
            3.
the Aston Convention Center. Representatives from 50 of Queensland's top
restaurants attended. Winners are determined by the number of votes they
get from satisfied patrons. The top honor went to Thai Orchid — a popular
Townville restaurant. ------- manager, Anada Saetang was unable to be
         4.
there to accept the award, ------- he did give a brief speech via online video.
            5.
He thanked the restaurant's staff and the patrons who voted for Thai Orchid.
-------.
  6.

3. (A) will hold
   (B) holds
   (C) has held
   (D) was held

クイズ

適切な動詞の形を選ぶ問題。主語の数・時間・目的語の有無を確認しよう。主語の授賞式は (単数・複数)。空所後にあるlast night は (現在・過去・未来)。目的語は (ある・ない)。(能動態・受動態) の (現在・過去・未来) の形、((A)・(B)・(C)・(D)) が正解。

4. (A) Its
   (B) Your
   (C) His
   (D) My

クイズ

所有格代名詞が選択肢に並んでいる。指す人やものが (同じ・異なる) 場合は (独立型・文脈依存型) なので、前文とのつながりを確認しよう。空所の前文には (受賞した人・受賞したレストラン) が書いてある。((A)・(B)・(C)・(D)) を選べば、空所とmanager で「(その・あなたの・彼の・私の) 支配人」となり、前文と自然につながる。

5. (A) if
   (B) and
   (C) but
   (D) then

クイズ

適切な接続詞を選ぶ問題。空所後は (句・節) になっている。次に、空所の前と後ろの (意味・時制) を確認する。前半は「受賞の場に (いた・いなかった)」、後半では「スピーチを (授賞式・オンライン) で行った」とある。前後が (条件・逆接) でつながっている。(条件・逆接) を表す ((A)・(B)・(C)・(D)) であれば、後ろに (句・節) をつなげることもできる。

6. (A) According to organizers, it promises to be a very exciting event.

(B) Winners in other categories are displayed on the SCA Web site.

(C) Mr. Saetang and his employees celebrated with many of the other winners.

(D) First prize was given to a family-owned restaurant in South Brisbane.

文選択問題。他の文を参照 (する文脈依存型・しない独立型) なので、難易度が (低い・高い)。文脈に合致するかどうか、ひとつずつ確認しよう。授賞式は (これから開催する・すでに開催された) ので、(A)は矛盾 (する・しない)。(B)のウェブサイト掲載は矛盾 (する・しない)。Saetangさんは授賞式にいなかったので、(C)は矛盾 (する・しない)。受賞したThai OrchidはSouth Brisbaneにあると述べられて (いる・いない) ので、(D)は矛盾 (する・しない)。正解になりえるのは ((A)・(B)・(C)・(D))。時間はかかるが、ひとつずつ確認する消去法も有効だ。

Words & Phrases

(記事)

culinary 形 料理の　　award 名 賞　　ceremony 名 式典　　convention center 会議場

representative 名 代表　　attend 動 〜に出席する　　winner 名 受賞者

determine 動 〜を決定する　　vote 名 投票　　satisfied 形 満足した　　patron 名 常連客

honor 名 優等賞、名誉　　popular 形 人気のある　　manager 名 支配人

be unable to do 〜できない　　accept 動 〜を受け取る　　brief 形 短い　　via 前 〜によって

(設問)

according to ~ 〜によると　　organizer 名 主催者　　promise 動 〜を約束する

exciting 形 興奮する、ワクワクする　　category 名 分野　　display 動 〜を展示する

first prize 1位　　family-owned 形 家族経営の

▷▷ 解答・解説は150ページ

文脈理解④
to不定詞・動名詞

to carry

carrying

➤ **to不定詞と動名詞は主語・目的語・補語になれるよ。**

➤ **動詞によって後ろにto不定詞が続くか動名詞が続くかは決まっているので覚えよう。**

➤ **前置詞to＋動名詞のイディオムに注意！ looking forward to ＋ -ingだよ。**

15では動詞が変化した形、to不定詞と動名詞について学びます。

to不定詞

to不定詞は「to＋動詞の原形」で名詞・形容詞・副詞の役割を果たすことができます。それぞれ名詞的用法、形容詞的用法、副詞的用法と言います。各用法の例文を見てみましょう。

① 名詞的用法のto不定詞は文中で名詞の役割をするため、主語、目的語、補語になれます。「〜すること」と訳されます。

主語： To advertise the new product is very important. (新製品を広告することはとても大切だ)
　　　　　　 主語 　　　　　　　　　　　　 動詞　　 補語 ＊to不定詞の主語は単数扱い

　　　＝ It is very important to advertise the new product. と言い換えることができます。

　　　★to以下の長い主語をitで置き換えて、to不定詞を文の最後に置くパターンをIt ... to~ 構文と呼びます。

目的語： I decided to advertise the new product. (私は新製品を広告することを決意した)
　　　　 主語 動詞　　　　　　　 目的語

補語： The important thing is to advertise the new product. (大事なことは新製品を広告することだ)
　　　　　 主語　　　　　　 動詞　　　　　　 補語

② 形容詞的用法のto不定詞は文中で形容詞の役割を果たします。形容詞と同じように名詞を修飾しますが、修飾する名詞の後に置かれます。「〜するための」などと訳されます。

The company has a lot of products to advertise. (会社は宣伝するためのたくさんの製品がある)
　　 主語　　　　 動詞　　 目的語 (名詞) 　　＊形容詞的用法のto不定詞が名詞を後ろから修飾

③ 副詞的用法のto不定詞は副詞と同じように名詞以外の語句や文全体を修飾します。多くの場合、文頭や文末に置かれ、目的、結果、原因、理由などを表します。「〜するために」「〜して」などと訳されます。

To advertise the new product, the company invested a huge budget.
　　副詞的用法のto不定詞　　　　　　 主語　　　　 動詞　　　　 目的語 ＊文頭から目的を説明

The company invested a huge budget to advertise the new product.
　 主語　　　　 動詞　　　 目的語　　　　 副詞的用法のto不定詞 ＊文末から目的を説明

(会社は新製品を宣伝するために巨額の予算を投じた)

動名詞

動名詞は動詞の「-ing」形で名詞の役割を果たすことができます。名詞と同じように主語、目的語、補語になれます。また、前置詞の後に置くこともできます。例文を見てみましょう。

① 主語になる場合、単数扱いで、動詞は単数の形に合わせます。

    Solving problems is very important. （問題を解決することは非常に重要だ）
       主語　　　　　　動詞　　　　補語

② 目的語になる場合、前にある動詞によって動名詞が続くかどうかが決まるので注意が必要です。

    Mr. Browne suggested solving problems immediately. （Browneさんは即座に問題を解決することを提案した）
    主語　　　　　動詞　　　　　　　目的語　　　　　　　　　　＊suggestの後は動名詞が続きます

③ 補語になる場合、主語＝補語の関係が成り立ちます。

    The important thing is solving problems immediately. （大切なことは即座に問題を解決することだ）
      主語　　　　　動詞　　　　　　　補語

④ 動名詞は前置詞の後に続けることができます。

    Revenue growth is difficult without solving problems. （問題を解決することなしに増収は難しい）
          前置詞withoutの目的語　　＊to不定詞は前置詞の後には置けません

to不定詞と動名詞の違い

原則としては、to不定詞は先のことを表し、動名詞はすでに起こったことを表します。to不定詞も動名詞も、主語、目的語、補語になれますが、目的語になる場合は注意が必要です。前に来る動詞によってto不定詞が続くか、動名詞が続くか、両方続くことができるかが決まるのです。

① to不定詞が続く動詞

to不定詞が続く動詞は未来を示唆しています。「望み」、「決断」などを表すものが多くあります。

望み	expect（予期する）　want（したいと思う）　hope（望む）　wish（したいと思う） desire（強く望む）　aim（目指す）
決断	decide（決める）　determine（決意する）　agree（同意する）　refuse（断る） choose（選ぶ）　promise（約束する）
その他	fail（しそこなう）　offer（申し出る）　afford（余裕がある）　plan（計画する）

② 動名詞が続く動詞

動名詞が続く動詞は「中断・終了」「思考・提案」などの意味を表すものが多くあります。

中断・終了	give up（あきらめる）　finish（終える）　escape（逃れる） postpone（延期する）　avoid（避ける）　quit（やめる）
思考・提案	mind（気にする）　admit（認める）　suggest（提案する） deny（否定する）　consider（考慮する）　imagine（想像する）
その他	enjoy（楽しむ）　include（含む）　keep（続ける）　miss（逃す） practice（練習する）　justify（正当化する）

③ 両方続けることができる動詞

以下に挙げる動詞は、to不定詞も動名詞もどちらも続けることができます。

like（好む）、start（始める）、begin（始める）、cease（やめる）、continue（続ける）、など

★ 前置詞to ＋動名詞の形に注意！

looking forward to（〜を楽しみにする）、be used to（〜に慣れている）、prior to（〜の前に）などのto
は前置詞なので、後には動名詞が続きます。to不定詞と混同しないようにしましょう！

I am looking forward to seeing you soon.（間もなくあなたに会えるのを楽しみにしている）

Prior to attending the conference, participants should read the material.

（会議に出席する前に参加者はその資料を読むべきだ）

> 次の文に適するものを選びましょう。
>
> Ms. Goldman agreed (continuing・to continue) the project.
> （Goldmanさんはそのプロジェクトを続けることに同意した）

動詞agreeに続くのは動名詞？　to不定詞？　前の表で確認しましょう。

同意して実行するのはこれからの未来だからto continueが正解。

 Part 5の例題にチャレンジ！

Thornton Publishing expects ------- an exciting new recipe book next week.

(A) to release
(B) is released
(C) releasing
(D) release

❶ 選択肢に動詞のさまざまな形が並んでいる問題。

❷ 空所の前にある動詞expectsは（未来の望み・中断）を表すので、後に続けられる動詞の形は（動名詞・to不定詞）だ。空所に入るのは（(A)・(B)・(C)・(D)）だと分かる。

解説　❶ 選択肢に動詞のさまざまな形が並んでいる問題。❷ 空所の前にある動詞expectsは（未来の望み・中断）を表すので、後に続けられる動詞の形は（動名詞・to不定詞）だ。空所に入るのは（(A)・(B)・(C)・(D)）だと分かる。

(A) to release「to不定詞」　(B) is released 受動態 現在形　(C) releasing 動名詞　(D) release 原形、現在形

訳　Thornton Publishingは来週わくわくするような新しいレシピ本を発刊する予定だ。

 Let's try

 **Part 5の問題にチャレンジ！**

1. Ms. Cho will finish ------- job candidates on Friday this week.

(A) to be interviewed

(B) have interviewed

(C) interview

(D) interviewing

クイズ

本動詞のfinishに続ける適切な形を選ぶ問題。finishは後ろに (動名詞・to不定詞) を続けて「〜をし終える」の意味を表す。よって、正解は ((A)・(B)・(C)・(D))。空所後には目的語が (ある・ない)。(能動態・受動態) は誤りになる点も確認しよう。

2. Conference attendees are looking forward to ------- Ms. Cleaver's speech.

(A) hear

(B) hearing

(C) have hearing

(D) be heard

クイズ

適切な動詞の形を選ぶ問題。直前 look forward to ~「〜を楽しみにする」がヒント。このto は (to不定詞を作る・前置詞な) ので、後ろには (名詞・動詞の原形) を続ける。したがって、hear に (-ingを付けた・何も付けない) ((A)・(B)・(C)・(D)) が正解。

15
to不定詞・動名詞

Words & Phrases

1. job candidates 仕事の候補者

2. conference attendees 会議の出席者

≫ 解答・解説は152ページ

79

Part 7の問題にチャレンジ!

Questions 3-5 refer to the following advertisement.

Are you looking to expand your customer base?

Every small business needs to move with the times. In the past, that meant developing a Web site and advertising online. Nowadays, social networking is the most effective way to reach new customers. The experts at Cranston Business Services will create a tailored social media strategy to promote your business.

On June 23, we will be holding an information session at the Hannigan Hotel in Stanthorpe. Representatives of businesses interested in learning more about our service can attend free of charge. However, it is necessary to register in advance, which you can do through our Web site at www.cranstonbusinessservices.com. Organizers have had to deny entry to visitors at previous events when the venues reached their maximum capacity.

Cranston Business Services

---

3. What kind of service does Cranston Business Services provide?

(A) Accounting
(B) Publicity
(C) Security
(D) Transportation

指示文とタイトルから顧客基盤の拡大に関する広告だと分かる。設問のキーワードCranston Business Servicesのサービスについて探してみよう。(第1段落・第2段落)にある設問キーワード以降から、(情報保守・企業宣伝)の目的でSNSの(セキュリティ・戦略)を作ると分かる。これを言い換えた((A)・(B)・(C)・(D))が正解。

4. How can people learn more about the service?

(A) By attending an event

(B) By calling the organizers

(C) By using social media

(D) By reading a newspaper article

クイズ

サービスをさらに知る手段を問う問題。設問キーワード learn more がある (第1段落・第2段落) に、さらに知りたければ (参加できる・読める・電話する) とある。何に (参加できる・書いてある・電話する) かをさかのぼって確認すれば、(主催者・ウェブサイト・説明会) だと分かる。これを言い換えた ((A)・(B)・(C)・(D)) が正解。

5. According to the advertisement, why should people register?

(A) To receive a newsletter

(B) To get venue updates

(C) To secure a seat

(D) To become a member

クイズ

登録する理由を問う問題。設問キーワード register のある (第1段落・第2段落) の最後に、会場が (最大人数に達した・遠かった) ために (会場変更した・参加を断った) 経緯が述べられている。このような事態を避け、((A)・(B)・(C)・(D)) の目的で事前登録が必要だと分かる。

Words & Phrases

(広告)

advertisement 名 広告　　look to expand ~ ～の拡大を目指す　　customer base 顧客基盤 with the times 時代とともに　　in the past 昔は　　develop 動 ～を開発する　　advertise 動 宣伝する　　online 副 オンラインで　　nowadays 副 最近は　　effective 形 効果的な way 名 方法　　reach 動 ～に届く　　customer 名 顧客　　expert 名 専門家　　create 動 ～を作る　　tailor 動 ～に合わせて作る　　strategy 名 戦略　　promote 動 ～を宣伝する hold 動 ～を開催する　　representative 名 代表　　interested in ~ ～に興味がある　　attend 動 参加する　　free of charge 無料で　　however 副 しかしながら　　necessary 形 必要な register 動 登録する　　in advance 前もって　　organizer 名 主催者　　deny 動 ～を断る、 否定する　　entry 名 参加　　visitor 名 訪問客　　previous 形 前の　　venue 名 会場 reach 動 ～に達する　　maximum 形 最大の　　capacity 名 収容人数

(設問)

provide 動 ～を提供する　　according to ~ ～によると

≫≫ 解答・解説は153ページ

15 to不定詞・動名詞

16 文脈理解⑤
語彙問題

cattle?
bull?
cow?
ox?

ナビポイント **3カ条**

➤ 語彙問題は文脈依存型だよ。文脈を考えて正解の語句を選ぼう。

➤ すぐに答えが分からない場合は消去法が有効だよ。

➤ 意味だけで選べない場合は語法も注意して見ていこう。

16では、各パートの語彙問題の解き方を学んでいきましょう。

語彙問題は文脈依存

Part 5、6で出題される語彙問題は、選択肢に同じ品詞で違う意味の単語が並んでいます。文全体、あるいは前後の文章を読み、内容を把握して意味と語法が文や文脈に合う選択肢を選ぶ必要があります。

文意を把握しよう

Part 5の語彙問題は、全文を読んで意味を把握してから適切な選択肢を選びます。

例として次の問題を解いてみましょう。

> Mr. Rice talked to the ------- to negotiate the product price.
> (A) architecture　(B) quote　(C) presentation　(D) manufacturer

① まず選択肢を見ると、全て名詞で違う意味の単語が並んでいるので語彙問題だと分かります。

② 全文を読んで意味を把握しましょう。「Riceさんは製品価格を交渉するために-------と話した」という意味ですね。製品の価格を交渉するためには誰と話すでしょう？

③ 選択肢を見てみましょう。話すことができるのは人です。(A) architecture (建築) (B) quote (見積もり) (C) presentation (プレゼンテーション) はものなので話すことができないので外します。

④ 残る(D) manufacturer (製造業者) には -er が付いているので、「人」だと分かります。(D)を入れると、「製品価格を交渉するために製造業者と話した」という意味になります。(D)が正解です。

★すぐに答えが分からないときは消去法で解いていきましょう。

★「人」を表す単語は頻出です。名詞の語尾に注意して「人」だと見分けましょう。-er (employer　雇用者)、-or (supervisor　監督者)、-ist (dentist　歯医者)、-ian (musician　音楽家)、-ee (employee　従業員)

文脈の流れを把握しよう

Part 6の語彙問題は、文脈の流れを把握して、意味と語法が合う選択肢を選びます。次の問題を解きましょう。

> Carlton Corporation's sales have been rising steadily. The company has decided to -------
> several new staff members to keep up with the growing demand.
> (A) retire (B) advertise (C) hire (D) increase

① まず2つの文章の関係を見ていきます。

Carlton Corporation's sales have been rising steadily.

（Carlton Corporationの売り上げは着実に伸びてきている）

The company has decided to ------- several new staff members to keep up with the growing

demand.

（会社はその高まる需要に対処するために何人かの新しいスタッフを-------することに決めている）

会社が着実に売り上げを伸ばしているときは、会社はスタッフをどうすることを決意するでしょうか？

② 選択肢を見ていきましょう。

(A) retire（退職させる）**NG** 会社が売り上げを伸ばしているときにスタッフを退職させたら大変。

(B) advertise（広告する）**NG** 広告するのは商品や仕事で、新しいスタッフではありません。

(C) hire（雇う）**OK** 会社が売り上げを伸ばしているときは忙しいですから、人を雇いますよね。

(D) increase（増やす）**OK?** 人を増やす、というのは意味的にはよさそうですが…

③ この問題は、単語の意味が分かると、(A)と(B)はすぐ外すことができます。

④ (C)と(D)は意味的にはどちらもよさそうです。そういう場合は語法（語の組み合わせのルール）に注目しましょう。increaseは、（量や程度を）増やすという意味なので、increase cost（コストが増大する）のように使います。increase staff membersのように人を目的語には取れないのです。

⑤ (C) hireは人を目的語に取れるので、(C)が正解です。

★ 意味だけで決められない場合は語法も考慮に入れて問題を解いていきましょう。

単語を置き換えてみよう

Part 7の語彙問題は、文書中のひとつの単語が指定され、選択肢の中からその単語と意味が近い単語を選ぶ形で出題されます。問題数は1〜2問で、設問は決まった形で出題されます。例えばある文書の中の"broad"という単語の意味が問われるときはこんな形で出題されます。

> The word "broad" in paragraph 2, line 4, is closest in meaning to
> (A) wide (B) extensive (C) spacious (D) rough

語彙問題

① 第2段落・4行目にある"broad"に最も意味が近い選択肢を選ぶ問題です。まず、文書の指定箇所（第2段落4行目）を見て、指定された単語"broad"を探します。

② Part 7の語彙問題は、文書を全て読まなくても、その1文か、あるいはその文の前後を読めば解ける場合が多いので、まず指定された語を含む1文を読んで、意味を把握しましょう。

③ 選択肢からその単語"broad"が示す意味に近い単語を選びます。

"broad"という単語には、(A)~(D)のどの意味もあります。

(A) wide (幅広い)	a wide river (幅の広い川)	
(B) extensive (広範囲にわたる)	extensive knowledge (広範囲な知識)	
(C) spacious (空間が広々とした)	a spacious room (広々とした部屋)	
(D) rough (大まかな)	a rough idea (大まかなアイデア)	

文中ではどの意味で使われているのか、単語を置き換えて確認してみましょう。文中での意味に合致する選択肢が正解です。

ナビクイズ **Part 5の例題にチャレンジ！**

Mr. Hawkes called a ------- to fix a fault with one of the office's photocopiers.

(A) technician
(B) decision
(C) position
(D) comparison

❶ 選択肢にさまざまな名詞が並んでいる語彙問題。意味が文脈に合うものを選ぶ。❷ Hawkesさんが電話をしたと述べている。目的語として入るのは電話をした相手だ。相手は（人・もの）なので、語尾に（-ian・-sion・-tion・-son）が付いている（(A)・(B)・(C)・(D)）を選ぶ。コピー機の故障を直すためという理由にも合致する。

解説　❶ 選択肢にさまざまな名詞が並んでいる語彙問題。意味が文脈に合うものを選ぶ。❷ Hawkesさんが電話をしたと述べている。目的語として入るのは電話をした相手だ。相手は（人・もの）なので、語尾に（-ian・-sion・-tion・-son）が付いている（(A)・(B)・(C)・(D)）を選ぶ。コピー機の故障を直すためという理由にも合致する。

(A) technician 名 技術者　(B) decision 名 決定　(C) position 名 位置　(D) comparison 名 比較

訳　Hawkesさんは事務所のコピー機のうちのひとつの故障を直すために技術者に電話をした。

Let's try

 **Part 5の問題にチャレンジ！**

1. Spandau Insurance often hires ------- workers to help during the busy season.

(A) eventual
(B) temporary
(C) valuable
(D) spacious

クイズ

見た目が (バラバラ・共通) で (異なる・同じ) 品詞が並んでいる語彙問題。空所近くの内容を確認し、(意味が通じる・文法的に正しい) 単語を選ぼう。空所前後から、繁忙期を手伝うのにどんな (従業員・機械) を (使う・雇う) のかを考える。workersと組み合わせて意味が通じる形容詞 ((A)・(B)・(C)・(D)) が正解。

2. As there is a limited supply, customers may ------- only one copy of *Maximum Investments*.

(A) admire
(B) afford
(C) realize
(D) purchase

クイズ

バラバラの単語から自然に意味がつながる (動詞・副詞) を選ぶ語彙問題。斜字をヒントに「〜というタイトルの作品1部だけ」につながる選択肢は (いくつかある・ひとつしかない)。確認する範囲を前半まで広げよう。(限られた・たくさんある) 供給なのでという理由と自然につながる ((A)・(B)・(C)・(D)) が正解。

16
語彙問題

Words & Phrases

1. insurance 名 保険　　often 副 しばしば　　hire 動 〜を雇う
2. limited 形 限られた　　supply 名 供給　　customer 名 客　　copy 名 部、冊

>> 解答・解説は155ページ

85

Part 6の問題にチャレンジ！

Questions 3-6 refer to the following advertisement.

Why not stay at Porpoise Spit's most luxurious hotel on your next vacation?
------- . In March and April, you can stay at the Sandpiper Hotel for just $100
   3.
a night with dinner and breakfast ------- . The hotel is Porpoise Spit's only
                    4.
hotel with ------- access to the beach. It is within walking distance of the
      5.
main shopping district. There is also a free hourly shuttle bus between the
hotel and the major theme parks. Call our friendly reservations staff at 555-
8348 to ------- your stay.
     6.

3. (A) Our rates are the same all year-round.

(B) We offer simple accommodation for budget travelers.

(C) The hotel is situated deep in the Milburn Valley.

(D) It will cost you less than you think.

クイズ

文選択問題。他の文を参照 (する文脈依存型・しない独立型) なので、(優先的に解こう・後回しにしてもよい)。文脈に合致するかどうか、ひとつずつ確認しよう。広告はホテルの (3月〜4月の特別料金・年間通じての料金) を案内しているので(A)は (適切・不適切)。(豪華な・質素な) ホテルなので、(B) は (適切・不適切)。ホテル所在地は (谷・海) の近くなので(C)は (適切・不適切)。本文の記述と矛盾する選択肢を消去すると、残る ((A)・(B)・(C)・(D)) が正解。

---

4. (A) included
(B) including
(C) includes
(D) to include

動詞の -ing や -ed が並ぶ問題では、まず本動詞の形か修飾の形かを確認しよう。この文には本動詞が (ある・ない) ので、(本動詞・修飾) の形を選ぶ。動詞 include「〜を含む」と空所前 dinner and breakfast は「夕食朝食が (含む・含まれる)」とつながるので、(能動態・受動態) の形 ((A)・(B)・(C)・(D)) が正解。

5. (A) direction
(B) directly
(C) direct
(D) directive

選択肢に (同じ・異なる) 品詞が並ぶ問題。空所前の with と空所後の access を見て、セットになるべき前置詞と名詞がそろって (いる・いない) と判断する。空所には (名詞・修飾する語) を選ぼう。選択肢にある (副詞・形容詞・名詞) のうち、自然に意味がつながる ((A)・(B)・(C)・(D)) が正解。

6. (A) cancel
(B) arrange
(C) postpone
(D) refund

動詞が並んでいる語彙問題。空所近くの内容を確認しよう。空所後 your stay「あなたの滞在を」に意味がつながりそうな動詞は (いくつかある・ひとつしかない)。確認する範囲を空所前の文頭にまで広げると、(予約スタッフに電話して・ウェブサイトを見て) と述べてある。宿泊を促す広告であることを考慮すれば、正解は ((A)・(B)・(C)・(D)) だと分かる。

16
語彙問題

Words & Phrases

（設問）

rate 名 料金　　all year-round 一年中　　offer 動 〜を提供する

accommodation 名 宿泊設備（施設）　　budget 形 低予算の、格安の

be situated in ~ 〜に位置する　　less than ~ 〜より少ない

≫ 解答・解説は156ページ

Part 7の問題にチャレンジ！

Questions 7-9 refer to the following article.

The town of Cranston has always been known for the Annual Festival of Soup. Two years ago, the festival was featured on the popular television show *Getaround*. Since then, more and more people have been visiting Cranston in early November to enjoy the festival. In fact, the town is now attracting so many visitors that it has approved the construction of a 200-room, four-star hotel.

Organizers say the Soup of the Year Competition has outgrown the Cranston Town Hall and this year it will be held at the Parnell Convention Center instead. A production company called Stallard Film Television will be filming a documentary based on the event. It will follow the various restaurant owners as they develop new recipes and experiment with exciting new ingredients. Any restaurant owners interested in appearing in the documentary should call the producers at 555-3489.

Words & Phrases

（記事）

be known for ~ ～で知られている、～で有名な　　annual 形 年1回の
feature 動 ～を特集する　　popular 形 人気の　　television show テレビ番組　　since
then それ以来　　more and more ~ より多くの～　　in fact 実際に　　attract
動 ～を魅了する　　visitor 名 観光客　　approve 動 ～を承認する　　construction 名 建設
organizer 名 主催者　　competition 名 コンテスト　　outgrow 動 ～より大きくなる　　hold
動 ～を開催する　　convention center 会議場　　instead 副 代わりに　　production 名 制作
called ~ ～と呼ばれる　　film 動 ～を映画にする　　documentary 名 ドキュメンタリー
based on ~ ～に基づいて　　follow 動 ～を追う　　various 形 さまざまな　　owner 名 店主
develop 動 ～を開発する　　recipe 名 レシピ　　experiment 名 実験　　exciting 形 興奮す
る　　ingredient 名 材料　　interested in ~ ～に興味のある　　appear 動 登場する

7. What is the purpose of the article?

(A) To comment on the growth of a yearly event

(B) To announce the rules of a competition

(C) To recommend that people attend a festival

(D) To notify people of an employment opportunity

クイズ

記事の目的を問う問題。目的は (冒頭・最後) を確認しよう。(1つめ・2つめ) の段落の主なトピックは、フェスティバルに訪れる人の (増加・減少) だ。第3〜4文にて、観光客の (減少・増加) について述べられているので、((A)・(B)・(C)・(D)) が正解。

8. According to the article, what new business will be established in Cranston?

(A) A production company

(B) A travel agency

(C) A convention center

(D) An accommodation provider

クイズ

設問中のキーワードはnew business。新規事業に関する情報を探そう。第1段落最後にあるso 〜 that 〜の構文ではthatの前「たくさんの観光客をひきつけている」が (原因・条件) を、that以降「ホテルの建設を承認した」がその (目的・結果) を表している。したがって、新しく始まる事業は ((A)・(B)・(C)・(D)) だ。言い換えに注意。

9. The word "appearing" in paragraph 2, line 6, is closest in meaning to

(A) resembling

(B) featuring

(C) arriving

(D) occurring

クイズ

同義語問題。(最初・問題の単語から1文さかのぼってIt) から意味を確認し、置き換えて同じ意味になるものを選ぼう。ドキュメンタリーはレストラン店主 (が撮影する・を追う) と述べている。つまり店主が (登場する・制作する) ドキュメンタリーなので、「ドキュメンタリーにappearingすることに興味があるレストランの店主は」のappearingに近い意味は ((A)・(B)・(C)・(D)) だ。

16
語彙問題

Words & Phrases

(設問)

growth 名 発展　　yearly 形 年1回の　　announce 動 〜を発表する　　recommend 動 〜を勧める　　notify 〜 of 〜 〜に—を知らせる　　employment opportunity 雇用機会　　according to 〜 〜によると　　establish 動 〜を設立する　　travel agency 旅行代理店　　accommodation 名 宿泊施設　　provider 名 供給者

>> 解答・解説は158ページ

17 文脈理解⑥ チャット問題

ナビポイント 3カ条

➤ チャット問題は日常会話文に近いよ。

➤ 意図問題はその前後の流れから発言の意図を見極めよう。

➤ 設問にsuggest、imply、most likelyがあれば推測して答える問題だよ。

17ではチャット問題の解き方を見ていきます。カジュアルなやり取りから話の筋をつかみましょう。

チャット問題とは

Part 7にはオンラインのチャット問題やテキストメッセージ問題が出題されます。

① チャットをしている人の名前とメッセージを書き込んだ時間が表示された後、メッセージが書かれています。

② 使われる表現は日常会話に近く、短く簡潔なメッセージがやり取りされます。

③ 人数は2人の場合と3人以上の場合があります。3人以上の場合は話の筋が複雑になることが多いので、登場人物の名前の把握や、誰が誰のメッセージに対して答えているかなどの流れを把握しましょう。

④ 登場人物がどのような関係で、何について話しているか推測しながら読みましょう。

⑤ 設問の中に意図問題が出題されます。意図問題とはある特定のメッセージはどういう意図で発言されたのかを問う問題です。

意図問題の解き方

意図問題とは次のような設問です。

At 2:30 P.M., what does Mr. Lander most likely mean when he writes, "I don't have anything scheduled for tomorrow"? （午後2時30分にLanderさんは"I don't have anything scheduled for tomorrow"という発言で何を意味していると考えられますか？）

"I don't have anything scheduled for tomorrow."（明日は何も予定がない）というセリフは、文脈によって発言の意図が変わってきます。例えば…

友達に明日映画に行かないかと誘われた　→　何も予定がないから一緒に映画に行くよ。

明日仕事のシフトを変わってほしいと頼まれた　→　何も予定がないから仕事代わってあげるよ。

ミーティングはいつがいいか聞かれた　→　明日は予定が入ってないから明日ならいつでもいいよ。

どんな意味で発言したのかは、その前の相手のセリフや会話の流れによって変わります。時刻を手掛かりに、設問で問われているセリフを探し、そのセリフの前後の発言を確認しましょう。

推測して答える設問

設問の中に suggest（～を示唆する）、imply（～を示唆する）、most likely（たぶん～だ）などがあったら、はっきりとは言われていないけれど、会話から推測できることについて答える問題です。登場人物の職業、仕事内容、置かれた状況など会話の流れから推測して答えましょう。(99ページ参照)

設問例は次の通りです。

What does Ms. Tanner suggest about the conference?（会議についてTannerさんは何を示唆していますか）
What is implied about Mr. Carter?（Carterさんについて何が示唆されていますか）
What most likely is Mr. Gomez's job?（Gomezさんの仕事は何だと考えられますか）

チャット問題の構成

チャット問題は以下のような構成になっています。

Questions 172-175 refer to the following text-message chain.

❶ ここに、text-message chain や online chat discussion と書いてあったらチャット問題だよ。

Robin Rice ❷	9:50 A.M.
---------------------------------?	
Ted Prinze ❸	9:51 A.M.
---------------------------------.	
Robin Rice	9:53 A.M.
--- ---------------------------------.	
Ted Prinze	9:55 A.M.
Sounds good. ---------------------------------- ---------------------------.	
Robin Rice	9:58 A.M.
---------------------------?	
Ted Prinze	10:00 A.M.
------------.	
Robin Rice	10:12 A.M.
------------.	
Ted Prinze	10:18 A.M.
------------.	

❷❸ チャットしている人の名前
設問文の中ではラストネーム（名字）で聞かれるよ！
Robin Rice → Mr. Rice
Ted Prinze → Mr. Prinze

❹ チャットメッセージが書き込まれた時間
（名前のすぐ横に時間が書かれている場合もあります）

❺ 意図問題は時間によって特定されるよ！
"At 9:55 A.M., what does Mr. Prinze mean when he writes, "Sounds good"?
この問題は、9:55 A.M. のPrinzeさんの"Sounds good."という発言の意図を問う問題です。

★ 時間によって話した人とメッセージが特定されていたら、意図問題です。前後の文脈の流れから意図を推測しましょう。

Questions 1-2 refer to the following text-message chain.

Robin Rice   9:50 A.M.

❶ I see you have Conference Room 1 reserved for tomorrow afternoon.

Ted Prinze   9:51 A.M.

That's right. I've scheduled a meeting there for the accounting department. I think Conference Room 2 is still available, though.

Robin Rice   9:53 A.M.

Right. It's just that I need the projector. A customer is coming in to see some of the products.

Ted Prinze   9:55 A.M.

I see. ❷ You had better take the room, then. I'll send my people a memo explaining the change.

Robin Rice   9:58 A.M.

Thanks for that Ted. I knew you'd understand. ❸ By the way, are you free tomorrow evening?

Ted Prinze   10:00 A.M.

I have nothing on.

Robin Rice   10:12 A.M.

❹ How about going to dinner at Shelby's? I'm going with Mark and Joan.

Ted Prinze   10:18 A.M.

Sounds like fun.

---

1. Why does Ms. Rice contact Mr. Prinze?

(A) To ask for assistance with a presentation

(B) To discuss a room reservation

(C) To invite him to a presentation

(D) To introduce a customer

なぜRiceさんはPrinzeさんに連絡しているのか、という設問。❶でRobinさんが会議室1の (予約・プレゼンテーション) について話している。❷その後、会議室を交換するという会話になっているので、((A)・(B)・(C)・(D)) が正解だ。

解説 なぜRiceさんはPrinzeさんに連絡しているのか、という設問。❶でRobinさんが会議室1の(予約・プレゼンテーション)について話している。❷その後、会議室を交換するという会話になっているので、((A)・(B)・(C)・(D)) が正解だ。

選択肢訳 (A) To ask for assistance with a presentation プレゼンテーションの手伝いを頼むため
(B) To discuss a room reservation 部屋の予約について話すため

(C) To invite him to a presentation プレゼンテーションに彼を招くため

(D) To introduce a customer 顧客を紹介するため

---

2. At 10:00 A.M., what does Mr. Prinze mean when he writes "I have nothing on"?

(A) He has switched off the lights.

(B) He did not put on a hat.

(C) He is available.

(D) He is not involved in a project.

Prinzeさんが言った"I have nothing on"とはどういう意味かを問う問題。❸でRobinさんが「ところで、明日の夕方空いてる?」と聞いている。それに答えているので (何も着ていない・何も予定がない) という意味だ。その後❹でRobinさんが食事に誘っていることからも正解は ((A)・(B)・(C)・(D)) だ。

解説 Prinzeさんが言った"I have nothing on"とはどういう意味かを問う問題。❸でRobinさんが「ところで、明日の夕方空いてる?」と聞いている。それに答えているので (何も着ていない・⟨何も予定がない⟩) という意味だ。その後❹でRobinさんが食事に誘っていることからも正解は ((A)・(B)・(C)・(D)) だ。

選択肢訳 (A) He has switched off the lights. 彼は電気を消した。

(B) He did not put on a hat. 彼は帽子をかぶらなかった。

(C) He is available. 彼は時間がある。

(D) He is not involved in a project. 彼はプロジェクトに関与していない。

全文訳		
	Robin Rice [午前9時50分]	君は明日の午後に会議室1を予約してるよね。
	Ted Prinze [午前9時51分]	そうだよ。経理部の会議をそこでやる予定なんだ。会議室2はまだ空いてると思うけどね。
	Robin Rice [午前9時53分]	うん。ただね、プロジェクターが必要なんだ。顧客がいくつか製品を見に来るんだよ。
	Ted Prinze [午前9時55分]	そうか。それならその会議室を使った方がいいよ。僕の部署の人たちにメモを送って変更の説明をしておくよ。
	Robin Rice [午前9時58分]	ありがとう、Ted。分かってくれると思ってたよ。ところで、明日の夕方空いてる?
	Ted Prinze [午前10時]	予定は入ってないよ。
	Robin Rice [午前10時12分]	Shelby'sでディナーを食べない? MarkとJoanと一緒に行く予定なんだ。
	Ted Prinze [午前10時18分]	楽しそうだね。

Words & Phrases

(チャット)

conference room 会議室　　accounting department 経理部　　had better do ～した方がよい　　memo 名 (社内の) 回覧状、連絡票

I knew you would ~ (I knew you'd ~) あなたは～するだろうと思った

by the way ところで

(設問)

assistance 名 手伝い　　switch off~ ～ (電気など) を消す　　put on~ ～を身に着ける

be involved in~ ～に関与する

 Let's try

Questions 1-2 refer to the following text-message chain.

Olly Wypych   2:50 P.M.

I'm at the supermarket. Do you want me to get anything for tomorrow's party?

Gretta Ng   2:51 P.M.

What party?

Olly Wypych   2:53 P.M.

Mr. Holland's farewell party. We're having a small party in the office tomorrow afternoon.

Gretta Ng   2:54 P.M.

I forgot all about that. Can you wait a few minutes? I'll put together a shopping list.

Olly Wypych   2:56 P.M.

I have to be in Bradford by 3:30.

Gretta Ng   2:59 P.M.

OK. I'd better let you go. I'll go shopping with Helen later on. Thanks for reminding me, though.

Olly Wypych   3:02 P.M.

No problem. I'll see you back at the office this afternoon.

Gretta Ng   3:03 P.M.

OK.

Words & Phrases

（チャット）

farewell party 送別会　　a few minutes 数分、しばらく　　put together ~ ～をまとめる

had better do ('d better do) ～した方がよい　　later on 後で　　remind

動 ～に思い出させる　　though 副 でも　　No problem. どういたしまして。

1. What is implied about Mr. Holland?

(A) He is a customer of Ms. Ng's.

(B) He will leave the company.

(C) He will help Ms. Ng go shopping.

(D) He works in Bradford.

クイズ

チャット問題では、設問に時間や人名が登場する。設問に動詞implied「(示唆される・言われている)」があるので、人物の情報を(推測する・探す)問題だ。設問キーワードMr. Hollandが登場するのは午後2時53分だ。Mr. Holland's farewell party.から彼の(会議・送別会)があると分かる。したがって、((A)・(B)・(C)・(D))が正解。

2. At 2:56 P.M., why does Mr. Wypych write "I have to be in Bradford by 3:30"?

(A) He will go shopping when he gets to Bradford.

(B) He will not attend an office party.

(C) He cannot wait for Ms. Ng.

(D) He had forgotten about his appointment.

クイズ

発言の意図が問われている。前後の文脈を確認しよう。午後2時54分にNgさんがWypychさんに(待つように・参加するように)お願いしている。しかし"I have to be in Bradford by 3:30."の後、「(行って・来ないで)」と答えていることから、WypychさんはNgさんを(誘わずに・待たずに)30分後に迫った約束に向かうと分かる。正解は((A)・(B)・(C)・(D))。

Words & Phrases

(設問)

imply 動 ～を示唆する customer 名 顧客 leave 動 ～を辞める、去る

attend 動 ～に参加する appointment 名 約束

>> 解答・解説は160ページ

Part 7の問題に チャレンジ！

Questions 3-6 refer to the following online chat discussion.

Maxine Day [3:30 P.M.]
Does anyone remember where we filmed the Peterson Motorcycles commercial?

Hank Gunnerson [3:31 P.M.]
That was 10 years ago. I think we used one of the country roads in Maine, but I can't be sure. It's been too long.

Sandra Iverson [3:31 P.M.]
No, we did the Rad Cola commercial in Maine. I'm pretty sure the Peterson Motorcycles ad was filmed in Gladstone.

Maxine Day [3:33 P.M.]
That's right. Thanks, Sandra.

Hank Gunnerson [3:35 P.M.]
Why did you need to know?

Maxine Day [3:35 P.M.]
I'm looking for a location for a new client's commercial.

Yoshitoshi Odanaka [3:37 P.M.]
If you're filming in Gladstone, I'd like to be involved. I hear it's a really beautiful location. I wasn't at the company when you were working on the Peterson Motorcycles project.

Maxine Day [3:45 P.M.]
OK, Yoshitoshi. If you're not directing any other advertisements between June 5 and June 9, you can have this one. The ad is for some hiking boots. I also need someone to make a script.

Hank Gunnerson [3:46 P.M.]
I'd like to try that. I have a few ideas left over from the Cooler Camping Gear project.

Maxine Day [3:49 P.M.]
Great. Let's have a meeting tomorrow morning to discuss them. Yoshitoshi, you should come, too.

Words & Phrases

（チャット）

film 動 ～を撮影する　　motorcycle 名 オートバイ　　country 形 田舎の　　　sure 形 確信して

ad 名 広告　　look for ～ ～を探す　　　location 名 ロケ地、場所　　be involved 参加して

work on ～ ～に取り組む　　direct 動 ～を監督する　　advertisement 名 広告

script 名 脚本　　leave over 残しておく　　discuss 動 ～を話し合う

3. Where do the writers most likely work?

(A) At a motorcycle manufacturer

(B) At a beverage company

(C) At an advertising agency

(D) At a cinema complex

クイズ

設問にmost likelyとあるので、答えはチャット (に書いてある・から推測する)。午後3時30分のfilmed「(撮影する・上映する)」、午後3時35分のコマーシャルロケ地 (へ顧客を案内した・を探している) という発言から、((A)・(B)・(C)・(D)) が正解。チャット内にある不正解の選択肢の単語や関連表現に引っかからないように気を付けよう。

4. At 3:31 P.M., what does Mr. Gunnerson mean when he writes, "That was 10 years ago"?

(A) He has been at the company for a long time.

(B) The location must have changed a lot over time.

(C) The schedule has been updated recently.

(D) He is not confident about his answer.

クイズ

設問で示された時刻の発言だけでなく前後の文脈を確認しよう。午後3時30分にコマーシャル撮影場所を尋ねられ、Gunnersonさんは"That was 10 years ago."と答えている。続けて場所を伝え「(分からない・もちろんそのとおり)。だいぶ前だ」と付け加えている。(昔のことで自信がない・長い経験がある) という意味なので、正解は ((A)・(B)・(C)・(D))。

5. What is probably true about Ms. Day?

(A) She joined the company recently.

(B) She is a business manager.

(C) She is a customer of Peterson Motorcycles.

(D) She transferred from a regional office.

クイズ

登場人物に当てはまる記述を選ぶ問題。Dayさんの発言を追って確認しよう。午後3時45分の (記録しておく・脚本を書く) 人が必要、午後3時49分の (会議をしましょう・会議の手配をしましょう) という発言から、この部署で (サポートをする・指示を与える) 立場の人だと推測できる。したがって、正解は ((A)・(B)・(C)・(D))。

17 チャット問題

6. What is Mr. Gunnerson asked to do?

    (A) Contact a client

    (B) Attend a meeting

    (C) Watch a video

    (D) Hire a director

> クイズ
>
> Gunnersonさんが求められていることを他の人のセリフから確認しよう。Dayさんは午後3時49分にLet's have a meeting tomorrow morning to discuss them.と述べている。このthemは、(午後3時35分—ロケ地・午後3時46分—Gunnersonさんの考え)を指している。会議には(監督・発案者)のGunnersonさんの(動画・出席)も求められるはずなので、正解は((A)・(B)・(C)・(D))。

Words & Phrases

(設問)

likely 副 おそらく   manufacturer 名 製造業者   beverage 名 飲み物

advertising agency 広告代理店   mean 動 ~を意味する   for a long time 長い間

a lot たくさん、よく   over time 時間とともに   update 動 ~を更新する   recently 副 最近   confident 形 自信がある   true about ~ ~に当てはまる   join 動 ~に入る

transfer 動 転任する   regional 形 地方の   ask ~ to do ~に—するよう頼む   contact 動 ~に連絡する   client 名 顧客   hire 動 ~を雇う   director 名 監督

チャットでよく使われる表現

チャットでは、短くカジュアルな表現が使われます。よく登場する表現を紹介します。

質問や問いかけのとき

What's up? (どうしたの?) / Would that work? (それでいいかな?)

What should I do? (私はどうしたらいい?) / Any problems? (何か問題がある?)

How about -ing? (~したらどうかな?) / Why don't you ~? (-しない?)

Will you be available? (都合はどう?) / Really? (本当に?)

答えるとき

Sounds good. (いいね) / Excellent. (素晴らしい) / Good idea. (いい考えだね) / Sure. (もちろん)

Most likely. (たぶん) / Yes, I suppose so. (はい、大丈夫だと思うよ) / Will do. (そうしますね)

It's up to you. (あなた次第だよ) / Understood. (了解) / Got it. (分かったよ)

その他

Are you kidding? (冗談でしょう?) / Don't worry. (心配しないで) /Just a minute. (ちょっと待って)

Count me in. (私も入れて) / I'm in. (参加するよ) / By any chance ~ (ひょっとして~)

Part 7に頻出の設問

Part 7の読解問題を解くとき、まず設問を正しく理解することが大切です。よく出題される設問は次の通りです。それぞれの設問の種類ごとに解法のヒントと難易度を示しましたので参考にしてください。英文は語順のままで理解すると早く読めるようになるため、訳は英語の語順で書かれています。

① 目的を問う設問 ★文書の1段落目に注目しよう。【易】

What is the purpose of the article? (目的は何ですか。記事の)

What is the main topic of the article? (主題は何ですか。記事の)

Why did Mr. White write the e-mail? (なぜWhiteさんは書いたのですか。Eメールを)

② 職業を問う設問 ★人物の名前の近くにヒントがちりばめられているよ。【易】

What most likely is Ms. Gomez's job? (何だと考えられますか。Gomezさんの職業は)

Where does Ms. Carr most likely work? (どこでCarrさんは働いていると考えられますか。)

Who most likely is Ms. Gayle? (誰だと考えられますか。Gayleさんは)

③ 内容を問う・推測する問題 ★本文の内容と一致している選択肢を選ぼう。頻出だよ。【難】

What is suggested about ~? (何が分かりますか。~について)

What is indicated about ~? (何が示されていますか。~について)

④ 文挿入問題 ★それぞれの箇所に文を入れてみて文脈がつながるかで判断しよう。【難】

In which of the positions marked [1], [2], [3], and [4] does the following sentence best belong?

(どれですか。[1]、[2]、[3]、[4]と記載された箇所のうち、次の文が入るのに最もふさわしいのは)

⑤ 語彙問題 ★指定された単語を含む文とその文の前後を読んで解こう。【易】

In the e-mail, the word "arrange" in paragraph 1, line 3, is closest in meaning to

(Eメールの中で、第1段落・3行目にある"arrange"に最も意味が近いのは)

⑥ NOT問題 ★本文の内容と一致するものを消去して残った1つが正解だよ。【難】

According to the letter, what did Mr. Day NOT include with his application?

(手紙によると、Dayさんが含めなかったものは何ですか。応募書類に)

What is NOT mentioned as a feature of the new product?

(述べられていないことは何ですか。新製品の特徴として)

⑦ チャットの意図問題 ★前後の文脈から判断しよう。【易~難】

At 1:00 P.M., what does Mr. Hong most likely mean when he writes, "Definitely"?

(午後1時に、Hongさんは何を意味していると考えられますか。"Definitely"と書くとき)

⑧ 詳細を問う設問 ★情報が書かれている場所を探そう。【易】

At what time is the event scheduled to start? (何時にイベントは予定されていますか。始まるよう)

What will most likely happen next? (何が起こると考えられますか。次に)

What are employees asked to do? (従業員たちは何を求められていますか。するように)

17
チャット問題

18 文脈理解⑦ 複数文書問題

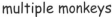

multiple monkeys

ナビポイント 3カ条

➤ 複数文書問題には文書間の情報を関連づけて解くクロスリファレンス問題が必ずあるよ。

➤ Eメールや手紙のヘッダーは必ず見てね。受信者、送信者、日付、件名に要注意だよ。

➤ 設問にindicate、suggestがあれば文書と各選択肢を照合して内容が一致するものを1つ選ぼう。難易度高めだよ。

18では複数文書問題の解き方を学びます。

複数文書問題とは

Part 7の後半には2文書問題2セット、3文書問題3セットが出題されます。特徴を見ていきましょう。

① 内容的に関連のある複数の文書が提示されています。文書の種類は最初の指示文に記されています。

Questions 186-190 refer to the following letter, e-mail, and expense report.

手紙、Eメール、経費報告書、の3文書だと分かるよ！

② 各セットに付き、5つの設問が出題されます。

③ 1つの文書を読むだけで解答できるものと、複数の文書を関連付けて解くもの（クロスリファレンス問題）が両方出題されます。

④ 問われる内容は、文書の目的、テーマ、内容の詳細（日付、場所、理由など）、語彙などです。例えば…

文書の目的：What is the purpose of the e-mail? (Eメールの目的は何ですか)

内容の詳細：Why will the event be canceled? (なぜイベントはキャンセルされますか)

語彙：In the e-mail, the word "target" in paragraph 1, line 2, is closest in meaning to

(Eメールの第1段落・2行目にある"target"に最も意味が近いのは)

⑤ 設問にindicate（〜を示す）、suggest（〜を示唆する）などがある設問は、選択肢ひとつひとつが文書の内容に合致しているか判断していきます。文書で述べられていない内容や矛盾する内容を含んだ選択肢は不正解です。文書全体の内容を理解して覚えておく必要があり、難易度が高い問題です。

⑥ 設問にsuggest（〜を示唆する）、imply（〜を示唆する）、most likely（〜と考えられる）、probably（たぶん）などがあれば、「何が示唆されているか」という質問なので、「本文には明記されていないけれど論理的に推測して解答を導く」ように求められます。例えば…

What is suggested about Mobic Corporation? (Mobic社について何が分かりますか)

⑦ 設問に NOT がある問題は、内容が合致しないものを正解として選びます。NOT問題も選択肢ひとつひとつの正誤を判断して答える問題ですが、内容が合致するものを選んでしまわないよう注意しましょう。

What is NOT stated in the article? (その記事で述べられていないことは何ですか)

複数文書問題の解き方

❶ 指示文で文書の種類を確認します。

❷ 設問1を先に読んで、問われていることを頭に入れます。

❸ 1文書目を見ます。問われている内容や人物の名前などを探しながら読んでいきます。

❹ Eメールや手紙のヘッダーは必ず見てください。

　受信者、送信者、日付、件名が分かります。誰が誰に送ったのか、テーマは何かをつかみましょう。

❺ 設問1の答えが分かったら、選択肢から適切なものを選んで、次の設問に進みます。

❻ 設問2、3と同じように解いていきますが、1つの文書だけでは情報が不十分で解答できない問題はクロスリファレンス問題です。キーワードや人物の名前などをヒントに、問われている情報を他の文書で探しましょう。情報を関連付けて答えを選びます。両文書に登場する名前や情報、あるいは情報の差異が答えのヒントになります。

★ suggest、indicate がある設問は後回しにしても構いません。最後に解く方が解きやすい場合もあります。
★ ヘッダーのEメールアドレスの中にその人物が勤務する会社名等が入っていてヒントになる場合があります。誰がどの会社の人か分からなくなったとき、Eメールアドレスをチェックしてみましょう。

Questions 1-5 refer to the following e-mail and form. ← ❶ 文書の種類を確認するよ！

1文書目　e-mail　　❸ 1文書目見る

ヘッダー ❹ Eメールは必ずヘッダーを確認するよ！
受信者、送信者、日付、件名

Dear 受信者の名前, -------------------------,
-----------------. ------------------ -----------.
-------, -----------------.---------------.
---------------. *------------------------. ❻
-------------.
Best regards,
送信者の名前

2文書目 form

フォームのタイトル

項目	項目	項目
-------	-------	-------
-------	-------	-------
-------	-------	* ------
-------	-------	-------

For questions or changes, ----------------.

1. What is the purpose of the e-mail?　❷ 最初の設問を読む

(A) ----------
(B) ----------　❺
(C) ----------
(D) ----------

2. How many --------------?

3. What is indicated ------------------?

4. According to the form, ------------?

5. What will ------------?

Questions 1-5 refer to the following e-mail and form.

❶ To:	Ana Uygur <auygur@periodpieces.com>
❷ From:	Trevor Carr <tcarr@carrflip.com>
Date:	17 September
Subject:	Order

❸Dear Ms. Uygur,

❹I would like to order some items I viewed on the Period Pieces Web site. ❺I called Period Pieces earlier this morning and confirmed that the items were all still available. Unfortunately, I live in the City of London, and it would be too far for me to go to pick up the items myself. Therefore, I would like to rely on Period Pieces to ❻arrange shipping. I require shipping insurance for each of the items. ❼If any of the items cannot be insured, please remove them from the order.

❽I would like to purchase the following items:

Item Number	Description	Quantity	Price
32551	70-year-old Dining Table	1	£2,300.00
54121	Hall Rug (Some wear and tear)	1	£1,100.00
❾75641	Picture Frame (Early 19th century)	1	£350.00
95414	Small Side Table (French Baroque)	1	£230.00
			£3,980.00

I am currently in the process of selling an apartment. ❿We will have an open house on 20 September and it is important that the items arrive by then. I will use them to decorate the apartment for potential buyers.
I will pay for the items as well as shipping by bank transfer as soon as you confirm my order.

Sincerely,

⓫Trevor Carr

Carleton Freight
Shipping Form

Customer	Period Pieces	Address	19 Redwood Way, East Dorset
Contact Person	Ana Uygur	Recipient	Trevor Carr
Pickup Address	19 Redwood Way, East Dorset	Delivery Address	234 Barkworth Street, City of London
Pickup Date	19 September	⓬Delivery Date	19 September
Total Value of Items	£3,630.00		

⓭**Inventory**

Item 01	Dining Table (70 years old)
Item 02	Hall Rug (Some wear and tear)
Item 03	Small Side Table (French Baroque)
Shipping Insurance	£124.00
Total Cost Of Shipping	£340.00

1. Where does Ms. Uygur most likely work?

(A) At a shipping company

(B) At a real estate agency

(C) At an antique store

(D) At a legal office

どこでUygurさんは働いているのか、という設問だ。Ms. Uygurという名前を探すと、❶メールアドレスの (受信者・送信者) と、❸メールの宛名に名前を見つけることができる。❹でこのメールの発信者はいくつかの品物を注文したい、と述べていて、❽以下で購入したいものを表に記している。購入したいものは、(土地・古い家具) なので、発信者は (不動産屋・アンティークショップ) で働いているUygurさんにメールを送ったと分かる。答えは ((A)・(B)・(C)・(D)) だ。

解説 どこでUygurさんは働いているのか、という設問だ。Ms. Uygurという名前を探すと、❶メールアドレスの (受信者・送信者) と、❸メールの宛名に名前を見つけることができる。❹でこのメールの発信者はいくつかの品物を注文したい、と述べていて、❽以下で購入したいものを表に記している。購入したいものは、(土地・古い家具) なので、発信者は (不動産屋・アンティークショップ) で働いているUygurさんにメールを送ったと分かる。答えは ((A)・(B)・(C)・(D)) だ。

選択肢訳 (A) At a shipping company 配送会社　　(B) At a real estate agency 不動産代理店
(C) At an antique store アンティークショップ　　(D) At a legal office 法律事務所

---

2. What did Mr. Carr do before sending the e-mail?

(A) He contacted a shipping company.

(B) He purchased some insurance.

(C) He spoke with a store representative.

(D) He visited Period Pieces.

CarrさんはEメールを送る前に何をしたかという設問だ。Mr. Carrという名前を探すと❷メールの (受信者・送信者) であり⓫メールの最後にも名前を見つけることができる。Carrさんはメールの最初で、❺今朝早くにPeriod Pieces (に電話して・を訪ねて) 品物があることを確認したと述べている。❹Period PiecesはCarrさんが見たウェブサイトのショップの名前だ。正解は ((A)・(B)・(C)・(D)) と分かる。

解説 CarrさんはEメールを送る前に何をしたかという設問だ。Mr. Carrという名前を探すと❷メールの (受信者・送信者) であり⓫メールの最後にも名前を見つけることができる。Carrさんはメールの最初で、❺今朝早くにPeriod Pieces (に電話して・を訪ねて) 品物があることを確認したと述べている。❹Period PiecesはCarrさんが見たウェブサイトのショップの名前だ。正解は ((A)・(B)・(C)・(D)) と分かる。

選択肢訳 (A) He contacted a shipping company.　彼は配送会社に連絡した。
(B) He purchased some insurance.　彼は保険を購入した。
(C) He spoke with a store representative.　彼は店の担当者と話した。
(D) He visited Period Pieces.　彼はPeriod Piecesを訪ねた。

Words & Phrases

(Eメール・フォーム)

rely on~ ～に頼る　　shipping insurance 配送保険　　in the process of~ ～が進行中で

open house 売り出し中の家の公開　　potential 形 潜在的な　　A as well as B Bだけでなく

Aも　　bank transfer 銀行振り込み　　freight 名 貨物運送　　inventory 名 (商品などの) 目録

3. In the e-mail, the word "arrange" in paragraph 1, line 4, is closest in meaning to

(A) lay out

(B) adapt

(C) align

(D) organize

メールの第1段落・4行目の"arrange"の意味を問う問題だ。❻「配送を（手配してほしい・提携してほしい）」と依頼しているので、正解は同じ意味の（(A)・(B)・(C)・(D)）と分かる。

| 解 説 | メールの第1段落の4行目の"arrange"の意味を問う問題だ。❻「配送を（手配してほしい・提携してほしい）」と依頼しているので、正解は同じ意味の（(A)・(B)・(C)・(D)）と分かる。

| 選択肢訳 | (A) lay out ～を広げる　(B) adapt ～を適合させる　(C) align ～と提携する　(D) organize ～を手配する

---

4. What is probably true about Mr. Carr's order?

(A) It will qualify for a discount.

(B) It will arrive in time for an event.

(C) It will be shipped on the same date as his e-mail.

(D) It will be sent to a furniture store.

Carrさんの注文について正しいと思われるものは何かという設問。選択肢を見ると、割引あり、イベントに間に合う、メールをした日に出荷、家具屋に送られるという4つの選択肢がある。最初のメールに書かれているのは注文についてだけで、配達のことについては分からないため、注文と配達の情報を合わせて解く（クロスリファレンス問題・1文書問題）だと分かる。❿メールに（9月17日・9月20日）のオープンハウスの日までに届けてほしい、と書かれていて、⓬配送表には配達日（Delivery Date・Pickup Date）が9月19日と記されている。正解は（(A)・(B)・(C)・(D)）と分かる。

| 解 説 | Carrさんの注文について正しいと思われるものは何かという設問。選択肢を見ると、割引あり、イベントに間に合う、メールをした日に出荷、家具屋に送られるという4つの選択肢がある。最初のメールに書かれているのは注文についてだけで、配達のことについては分からないため、注文と配達の情報を合わせて解く（クロスリファレンス問題・1文書問題）だと分かる。❿メールに（9月17日・9月20日）のオープンハウスの日までに届けてほしい、と書かれていて、⓬配送表には配達日（Delivery Date・Pickup Date）が9月19日と記されている。正解は（(A)・(B)・(C)・(D)）と分かる。

| 選択肢訳 | (A) It will qualify for a discount. それは割引に値するだろう。
　　　　　　(B) It will arrive in time for an event. それはあるイベントに間に合うように届くだろう。
　　　　　　(C) It will be shipped on the same date as his e-mail. それはEメールしたその日に出荷されるだろう。
　　　　　　(D) It will be sent to a furniture store. それは家具屋に送られるだろう。

---

5. What is implied about the picture frame mentioned in the e-mail?

(A) It has been sold to another customer.

(B) Its price must be negotiated.

(C) It could not be insured for shipping.

(D) Its packaging was damaged.

メールに書かれている「絵の額縁」について何が示唆されているかという設問。❾最初のメールの注文票には絵の額縁が入っているが、⓭2番目の配送表（Shipping form）には入っていない。❼メールの中に「保険がかけられない場合はその品物は（除いてほしい・値段を交渉してほしい）」という一文がある。つまり絵の額縁がないということは（(A)・(B)・(C)・(D)）だと推測できる。

メールに書かれている「絵の額縁」について何が示唆されているかという設問。❾最初のメールの注文票には絵の額縁が入っているが、⓭2番目の配送表 (Shipping form) には入っていない。❼メールの中に「保険がかけられない場合はその品物は (除いてほしい・値段を交渉してほしい)」という一文がある。つまり絵の額縁がないということは ((A)・(B)・(C)・(D)) だと推測できる。

選択肢訳　(A) It has been sold to another customer. それは他の顧客に売られてしまった。

(B) Its price must be negotiated. その値段は交渉できるに違いない。

(C) It could not be insured for shipping. それは配送に保険がかけられなかった。

(D) Its packaging was damaged. その梱包は損傷していた。

問題1-5は次のEメールとフォームに関するものです。

受信者：Ana Uygur　<auygur@periodpieces.com>

送信者：Trevor Carr　<tcarr@carrflip.com>

日付：9月17日

件名：注文

Uygur様

私はPeriod Piecesウェブサイトで見たいくつかの品物を注文したいと思います。今朝早くPeriod Pieces に電話して、その品物は全てまだ入手可能であることを確認しました。残念なことに、私はCity of Londonに住んでおり、自分自身で品物を取りに行くには遠すぎます。そのため、配送の手配をPeriod Piecesにお任せしたいと思います。配送保険をそれぞれの品物にかけてください。もし保険をかけられない品物がありましたら、それらを注文から外してください。

私は以下の品物を購入したいと思います。

商品番号	説明	数量	価格
32551	70年前のダイニングテーブル	1	2,300.00ポンド
54121	ホール用じゅうたん (すり切れあり)	1	1,100.00ポンド
75641	絵の額縁 (19世紀初頭)	1	350.00ポンド
95414	小さなサイドテーブル (フランス バロック様式)	1	230.00ポンド
			3,980.00ポンド

私は現在アパートを売却に出しております。9月20日にオープンハウスを行う予定で、品物がそれまでに届くことが大切です。私は見込み客のためにこれらの品物を使ってアパートを飾る予定です。

あなたが私の注文を確認次第、配送費だけでなく品物代も銀行振り込みによって支払います。

敬具

Trevor Carr

Carleton 貨物運送

配送表

顧客	Period Pieces	住所	19 Redwood Way, East Dorset
担当者	Ana Uygur	受取人	Trevor Carr
集荷住所	19 Redwood Way, East Dorset	配送先住所	234 Barkworth Street, City of Lodon
集荷日	9月19日	配達日	9月19日
品物合計額	3,630.00ポンド		

品目一覧

品目01	ダイニングテーブル (70年前のもの)
品目02	ホール用じゅうたん (すり切れあり)
品目03	小さなサイドテーブル (フランス バロック様式)
配送保険	124.00ポンド
配送料合計	340.00ポンド

18 複数文書問題

Let's try

Questions 1-5 refer to the following Web site, and e-mails.

www.vandelayhardware.com/cs

Vandelay Hardware Store

Customer Service	Catalog	My Account

8:00 A.M. – 7:00 P.M. Monday – Saturday

If you are unhappy with any of the products you purchase from Vandelay Hardware Store, you can return them for a full refund of the purchase price. Simply put the item back in its box along with any documentation and packaging, and send it to your local Vandelay Hardware Store customer support center. Please note that Vandelay Hardware Store will only pay for return shipping when the goods are shown to be faulty or shipped in error. In such cases, you must contact a customer service representative in advance to get approval. If your return is approved and Vandelay Hardware Store agrees to pay the return shipping fees, you will be given a "Return Approval" code, which you must write in bold letters on the front of the parcel. Visit the *My Account* section of the Web site to start an online chat with a customer service representative. We accept returns for 31 days from the date of purchase, and for 12 months if the return results from a product malfunction.

Returns should be sent to the nearest Vandelay Hardware Store customer support center. As we have no customer support centers in Alaska or Hawaii, customers living in those states should send their returns to Blueline Support Inc. and GHT Handling respectively. Those two companies handle our returns in those regions. Their addresses as well as those for all of the Vandelay Hardware Store shipping centers can be found below.

Words & Phrases

（ウェブサイト）

be unhappy with ~ ～に不満がある　　product 名 製品　　purchase 動 ～を購入する

return 動 ～を返品する　　full 形 満額の　　refund 名 返金　　simply 副 ただ～するだけ

along with ~ ～と一緒に　　documentation 名 書類　　packaging 名 梱包 (資材)　　local

形 地域の　　customer 名 顧客　　please note that ~ ～に注意してください　　pay for ~

～の代金を支払う　　return shipping 返送料　　goods 名 商品　　faulty 形 欠陥のある

ship 動 ～を発送する　　in error 間違って　　in such cases そのような場合には　　contact

動 ～に連絡する　　representative 名 担当者、代表　　in advance 前もって　　approval

名 承認　　approve 動 ～を承認する　　agree to do ～することに同意する　　fee 名 料金

in bold letters 太字で　　front 名 前　　parcel 名 小包　　accept 動 ～を受け付ける

return 名 返品　　result from ~ ～によって生じる　　malfunction 名 故障

the nearest 最寄りの　　state 名 州　　respectively 副 それぞれ　　handle 動 ～を処理する

region 名 地域　　below 副 下に

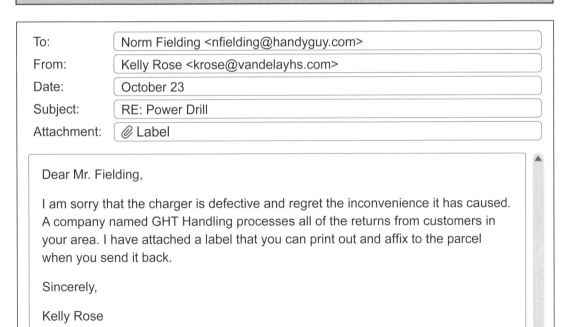

To: Kelly Rose <krose@vandelayhs.com>
From: Norm Fielding <nfielding@handyguy.com>
Date: October 23
Subject: Power Drill

Dear Ms. Rose,

I am sending you an e-mail as directed during our online chat this afternoon. I purchased a G-Way Power Drill from Vandelay Hardware Store. Unfortunately, I cannot charge the battery. It seems that the battery charger is defective. I would like to send it back and receive a refund. I plan to do so as soon as possible, and I would like to know when the funds will be returned to my credit card.

Sincerely,

Norm Fielding

To: Norm Fielding <nfielding@handyguy.com>
From: Kelly Rose <krose@vandelayhs.com>
Date: October 23
Subject: RE: Power Drill
Attachment: @ Label

Dear Mr. Fielding,

I am sorry that the charger is defective and regret the inconvenience it has caused. A company named GHT Handling processes all of the returns from customers in your area. I have attached a label that you can print out and affix to the parcel when you send it back.

Sincerely,

Kelly Rose
Customer Service — Vandelay Hardware Store

18 複数文書問題

Words & Phrases

（Eメール）

charger 名 充電器　　defective 形 欠陥のある　　fund 名 お金

attachment 名 添付ファイル　　regret 動 ～を残念に思う　　inconvenience 名 不便

cause 動 ～を引き起こす　　process 動 ～を処理する　　affix 動 ～を貼る

1. What is NOT mentioned about returning goods to Vandelay Hardware Store?

(A) Any item can be returned within a month.

(B) Customers must speak with a customer support representative.

(C) Items should be sent with their original packaging.

(D) It pays for return shipping when customers receive the wrong goods.

クイズ

設問にNOTがあるので、返品に関する(A) 〜 (D)のうち本文に記述がない、あるいは本文と異なるものが正解となる。 どの商品も返品可、ただし (1カ月・1年) 以内と述べてあるので、(A) は本文と (一致・不一致)。担当者との連絡は、(必ず・欠陥品や誤発送の場合のみ) 必要と述べられているので、(B) は本文と (一致・不一致)。元の梱包資材の同包は (必要・不要) なので、(C) は本文と (一致・不一致)。誤発送時の返送料は (会社負担・お客さま負担) なので、(D) は本文と (一致・不一致)。本文と異なる ((A)・(B)・(C)・(D)) が正解。

2. In the first e-mail, the word "directed" in paragraph 1, line 1, is closest in meaning to

(A) applied

(B) addressed

(C) advised

(D) amended

クイズ

空所前後だけでは解けない同義語問題は、状況を整理して考えよう。「directされた」オンラインチャットは、(ウェブサイト・2通めのEメール)に登場するカスタマーサービスとの連絡手段だ。チャットで担当者から (適用された・宛名が書かれていた・教えられた・修正された) ように顧客がEメールを書いている、となれば自然につながる。よって正解は ((A)・(B)・(C)・(D))。

3. What is probably true about Ms. Rose?

(A) She recently transferred from another department.

(B) She was responsible for delivering Mr. Fielding's order.

(C) She will provide Mr. Fielding with a return approval code.

(D) She will recommend a repair technician.

クイズ

設問にある人名がヒント。2通のEメールアドレスと2通めのEメール下部署名からRoseさんはVandelay Hardwareストアの (社員・顧客) だと分かる。Roseさん宛てのEメールでFieldingさんはドリルの充電器が (欠陥品だ・入っていなかった) と述べている。これはウェブサイトにある返送料を (会社・顧客) が負担するケースに該当し、(修理業者の連絡先・返品承認コード) が与えられるので、((A)・(B)・(C)・(D)) が正解。

4. Why does Mr. Fielding send the e-mail to Ms. Rose?

(A) To confirm an address

(B) To request some repairs

(C) To inquire about a refund

(D) To order some hardware

クイズ

設問にある人名がヒント。Eメールの (ヘッダー・最後) を確認すれば、Fieldingさんが (送って・受け取って) Roseさんが (送った・受け取った)、(1つめ・2つめ) のEメールを読む問題だと分かる。Eメールの最後で、I would like to know when the funds will be returned「(機械が修理される・お金が戻される・宛名が分かる) 時期を知りたい」と尋ねている。これは (修理・返金・住所) の問い合わせなので、((A)・(B)・(C)・(D)) が正解。

5. What is implied about Mr. Fielding?

(A) He is a resident of Alaska.

(B) He wants to return his order from Hawaii.

(C) He is a regular customer of Vandelay Hardware Store.

(D) He is an employee of GHT Handling.

クイズ

設問の動詞がimplied「(示唆される・書かれている)」なので、人物の情報を (推測する必要がある・探すだけでよい)。(1つめ・2つめ) のEメールにFieldingさんの返品は (Blueline Support Inc. 社・GHT Handling社) が処理すると書いてある。また、ウェブサイトでこの会社が扱う地域は (アラスカ・ハワイ) だと述べられている。この情報を組み合わせれば、((A)・(B)・(C)・(D)) が正解だと分かる。

Words & Phrases

(設問)

mention 動 ～について述べる　　within 前 ～以内　　original 形 元の　　wrong 形 誤った

closest in meaning to ~ ～に意味が近い　　probably 副 たぶん　　true about ~
～について正しい　　recently 副 最近　　transfer 動 転任する　　department 名 部署

be responsible for ~ ～を担当している　　deliver 動 ～を配達する　　order 名 注文

provide 動 ～を与える　　recommend 動 ～を勧める　　repair technician 修理技師

confirm 動 ～を確認する　　address 名 住所　　request 動 ～を依頼する

inquire 動 尋ねる　　imply 動 ～を示唆する　　resident 名 住人

regular customer 常連　　employee 名 従業員

▶▶ 解答・解説は165ページ

Part 7の問題にチャレンジ！

Questions 6-10 refer to the following article, e-mail, and memo.

PORTLAND, Maine — The town of Portland will be hosting the 23rd annual Pie and Jam Festival this year. The event takes place from April 17 to April 19. The baking contest and cooking classes in the main tent are always popular aspects of the festival. There is no charge to compete in the contest, attend lessons, or watch demonstrations. However, it is necessary to register. You can do so between January 10 and January 30. This year, organizers are also accepting applications from teams representing local businesses.

Words & Phrases

（記事）

host 動 ～を主催する　　annual 形 年1回の　　take place 行われる　　popular 形 人気の

aspect 名 側面　　charge 名 料金　　compete 動 競う　　attend 動 ～に参加する

demonstration 名 実演　　necessary 形 必要な　　register 動 登録する　　organizer

名 主催者　　accept 動 ～を受け付ける　　application 名 応募　　represent 動 ～を代表す

る　　local 形 地元の　　business 名 企業

To:	Paul Gudgeon <pgudgeon@cobainsc.com>
From:	Rebecca Broflovski <rbroflovski@cobainsc.com>
Subject:	Pie and Jam Festival Baking Contest
Date:	February 12

Dear Mr. Gudgeon,

I just read an article in the Sunday Post that said the Pie and Jam Festival Baking Contest would be accepting applications from corporate teams this year. I have been discussing it with some of the other cooking instructors, and we would like to submit an application as the Cobain School of Cooking team. I hope you will allow us to take part.

As you know, I am supposed to go to our Saco Campus to teach Ms. Hendrix's classes on the same dates as the festival so that she can take a vacation. Thankfully, Cindy Lopez has agreed to take my place in Saco if I am involved with the Pie and Jam Festival Baking Contest.

Sincerely,

Rebecca Broflovski

(Eメール)

article 名 記事　　corporate 形 企業の　　instructor 名 講師　　submit 動 ～を提出する

allow ~ to do ～が―するのを許可する　　take part 参加する　　as you know

ご存じのように　　be supposed to do ～する予定だ　　thankfully 副 ありがたいことに

take one's place ～の代わりをする　　be involved with ~ ～に関わる

MEMO

To: All Teaching Staff
From: Paul Gudgeon
Subject: Pie and Jam Festival Baking Contest
Date: February 13

Dear Teachers,

I regret that I did not inform you earlier, but the organizers of this year's Pie and Jam Festival Baking Contest have asked me to be one of the contest judges. Unfortunately, it is against the rules for a judge to be associated with any participants.

Staff members of Cobain School of Cooking cannot participate as either a private citizen or a corporate team. Instead, I would like you to contribute by teaching some cooking classes, running some cooking demonstrations, and offering food samples to visitors in the main tent. I think it will bring the college some excellent publicity. I have asked Ms. Lopez to coordinate your activities, so please discuss your ideas with her. Some students such as Melinda White and Jose Ramirez have already offered to help. Please involve them in your plans.

Sincerely,

Paul Gudgeon — Cobain School of Cooking

(メモ)

regret (that) ~ ～を残念に思う　　inform 動 ～に知らせる　　judge 名 審査員　　against
前 ～に反して　　be associated with ~ ～と関わりがある　　participant 名 参加者

participate 動 参加する　　either A or B AまたはBのどちらか一方　　citizen 名 市民

instead 副 代わりに　　contribute 動 貢献する　　run 動 ～を行う　　sample 名 試供品

bring 動 ～に―をもたらす　　publicity 名 評判、宣伝　　coordinate 動 ～をまとめる

activity 名 活動　　involve 動 ～を含める、参加させる

6. What is indicated about the Pie and Jam Festival?

    (A) It offers cash prizes to contest winners.

    (B) It attracts international visitors.

    (C) It is held once a year.

    (D) It will be held in Portland for the first time.

クイズ

設問にあるキーワードthe Pie and Jam Festival「パイとジャムの祭典」が最初に登場するのは (記事・Eメール・メモ) だ。キーワードの近くにある単語annualに注目しよう。これは (人気の・年1回の) という意味。これを文で言い換えた選択肢 ((A)・(B)・(C)・(D)) が正解。

7. What is the purpose of the e-mail?

    (A) To thank a coworker for some advice

    (B) To ask a contest organizer to change a rule

    (C) To point out a mistake in an article

    (D) To request permission to take part in a contest

クイズ

目的を問う問題では、文書の (冒頭・最後) に注目しよう。まずEメールアドレスを見れば、送受信者が (同じ・異なる) 所属であると分かる。そしてEメールの (第1段落・第2段落) にあるwould like toは (希望を伝える・感謝する・おわびする) 表現だ。続けて料理学校代表としてコンテストの (応募・アドバイス・誤り) や (お礼・許可願い・変更願い) を伝えていることから、正解は ((A)・(B)・(C)・(D))。

8. When will Ms. Hendrix most likely go on vacation?

    (A) On January 30

    (B) On February 12

    (C) On April 17

    (D) On April 19

クイズ

設問にある人名がヒント。Hendrixさんは (記事・Eメール・メモ) に登場するので、その近辺から日付に関する情報を探そう。Hendrixさんの名前のある文を読めば、祭典の (開催・申し込み) と同じ日付で休暇に出かけると分かる。そこで祭典のスケジュールを説明する (記事・Eメール・メモ) を確認しよう。その文書には (1月10日～30日・4月17日～19日) と述べてある。2つの情報を組み合わせれば、休暇に出かける日は ((A)・(B)・(C)・(D)) だと分かる。

9. What is implied about some of the events Cobain School of Cooking will conduct?

(A) They will be held in the school building.

(B) People can take part for free.

(C) Transportation will be provided.

(D) People can register online.

クイズ

設問の動詞がimpliedなので、料理学校のイベント情報を (推測する必要がある・探すだけでよい)。イベントについては (記事・Eメール・メモ) に述べられている。(コンテストへの参加・料理教室)、(料理の実演・調理器具の販売)、(格安レストラン・試食品の提供) だ。祭典の詳細を (記事・Eメール・メモ) で確認すると、これらのイベントは (オンライン登録者限定・無料) と書いてあるので、正解は ((A)・(B)・(C)・(D))。

10. What is probably true about Ms. White?

(A) She was recently hired by Cobain School of Cooking.

(B) She cannot take part in the festival baking contest.

(C) She attends the Saco campus of Cobain School of Cooking.

(D) She will not be in Portland during the festival.

クイズ

設問にある人名がヒント。(記事・Eメール・メモ) に書いてあるWhiteさんに関する情報を探そう。Whiteさんの名前が含まれる文から、彼女は料理学校の (講師・学生) であり、手伝いを (申し出て・依頼して) いると分かる。この文書には、学校関係者がコンテストに参加 (できる・できない) こと、料理教室などのイベントを行うこと、イベントには手伝いを申し出た (講師・学生) も参加させることが述べられている。これらの情報を組み合わせると、正解は ((A)・(B)・(C)・(D))。

Words & Phrases

(設問)

indicate 動 〜を示す　　offer 動 〜を提供する　　cash prize 賞金　　winner 名 勝者
attract 動 〜を魅了する　　international 形 国際的な　　once a year 年に一度　　for the
first time 初めて　　purpose 名 目的　　thank 動 〜に感謝する　　coworker 名 同僚
ask 〜 to do 〜に—するよう依頼する　　point out 〜 〜を指摘する　　permission 名 許可
take part in 〜 〜に参加する　　most likely おそらく　　conduct 動 〜を行う　　for free
無料で　　transportation 名 交通手段　　online 副 オンラインで　　hire 動 〜を雇う

≫≫ 解答・解説は171ページ

TOEIC Reading

MINI TEST

学習の仕上げは、25問（TOEIC L＆Rテスト リーディングセクションの4分の1）のMINI TESTです。これまでに学んだ内容の総復習となっています。ナビクイズで根拠を押さえながら、正解ルートを進んでいきましょう。

1. The orientation tour will ------- in the main conference room on the building's fourth floor.

(A) conclusive

(B) conclude

(C) conclusively

(D) conclusion

クイズ

選択肢に(同じ・異なる)品詞が並んでいる問題では、空所前後を確認しよう。空所前には助動詞will、空所後に意味の区切りができる前置詞inがある。(助動詞・前置詞)は(前・後ろ)に動詞の(現在分詞・原形)が必要なので、((A)・(B)・(C)・(D))が正解。

2. The Thames River Cruise was held every day in March ------- the poor weather conditions.

(A) except

(B) regarding

(C) unless

(D) despite

クイズ

接続詞と前置詞が並んでいる問題では、まず空所後の形を確認しよう。空所後は(節・名詞のかたまり)だ。次は意味の確認。前半は「クルーズが毎日開催された」、後半は「悪天候の条件」となっており、前後は(〜なので・〜にも関わらず)という意味でつながっている。したがって、(節・名詞のかたまり)を続ける(接続詞・前置詞)で、(条件・逆接)を表す((A)・(B)・(C)・(D))が正解。

3. Ms. Dwyer decided to update the company Web site ------- as only minor changes were required.

(A) she

(B) her

(C) herself

(D) hers

クイズ

選択肢には(人が異なる・人が同じで格違いの)代名詞が並んでいる。空所前にあるのは(動詞・名詞)だ。その場合は、(目的格代名詞・再帰代名詞)を選べば、(彼女自身を・彼女自身で)と強調する意味が加わる。正解は((A)・(B)・(C)・(D))だ。

Words & Phrases

1. orientation tour 説明会　　conference room 会議室

2. poor weather conditions 悪天候の条件

3. decide to do 〜すると決める　　update 動 〜を更新する　　minor 形 小さな
require 動 〜を必要とする

4. Unfortunately, the company can only ------- parking spaces for senior employees.

(A) provide

(B) inform

(C) deny

(D) prevent

選択肢に (同じ・異なる) 品詞が並んでいる問題では、(文法的に正しくなる・意味が通じる) 語を選ぼう。空所後にある目的語 parking spaces「駐車場」とつながるかどうかを確認する。((A)・(B)・(C)・(D)) を選べば、「会社は幹部社員用の駐車場を (提供する・知らせる・否定する・防ぐ)」となり、自然なつながりとなる。

5. Mayor Wilson's plan to clean up the city's parks will have many -------.

(A) periods

(B) benefits

(C) interests

(D) possessions

名詞が並んでいる語彙問題。空所前とのつながりを確認しよう。空所前 have many に意味がつながりそうな選択肢は (いくつかある・ひとつしかない)。確認する範囲を広げると、主語は「Wilson市長の市の公園を掃除する計画は」だ。((A)・(B)・(C)・(D)) を選べば「掃除する計画は (期間・利点・興味・所有) がある」となり、意味がつながる。

6. Mr. Hussain submitted his entry to the photography ------- on May 23.

(A) competitively

(B) competitive

(C) compete

(D) competition

語尾が (同じ・異なる) 品詞問題では、空所前後を確認しよう。空所前に意味の区切りができる前置詞 to、空所後にはさらに on から日付のかたまりがある。photography ＋空所で (名詞・形容詞) のかたまりになるように、空所には (名詞・形容詞) の ((A)・(B)・(C)・(D)) を選ぼう。

Words & Phrases

4. unfortunately 副 残念ながら　　senior employee 幹部社員

5. mayor 名 市長　　clean up ~ ~を掃除する

6. submit 動 ~を提出する　　entry 名 参加申込書　　photography 名 写真

7. Ms. Hammond has agreed ------- training for her replacement when she retires.

(A) to provide

(B) providing

(C) is providing

(D) provides

選択肢にさまざまな(動詞の形・品詞)が並ぶ問題。空所前にはすでに本動詞has agreedがあるので、空所には本動詞ではない形が必要。動詞agreeは後ろに(動名詞・to不定詞)を続けて「～することに同意する」の意味となる。したがって、((A)・(B)・(C)・(D))が正解。

8. Ms. Yasukura was ------- sure that she would make it back from New York in time for the banquet.

(A) reasonably

(B) reasonable

(C) reason

(D) reasonability

選択肢に(同じ・異なる)品詞が並んでいる問題。空所前と空所後のwas sure that ~でフレーズが完成して(いる・いない)。be動詞とsureの間に入り込めるのは(形容詞・副詞)なので、(-ly・-able)が付いている((A)・(B)・(C)・(D))が正解。

Words & Phrases

7. agree 動 同意する   replacement 名 後任   retire 動 退職する

8. sure 形 確かな   make it 到着する   in time 間に合って   banquet 名 食事会

Questions 9-12 refer to the following memo.

To: All employees

From: Carleton Whitehall

Subject: New Kitchen

Date: November 2

On the weekend, a team of builders from Harcourt Construction will be replacing the entire kitchen. -------. I have ------- the workers to dispose of
9. **10.**
any items left in the refrigerator before they disconnect it from the power. This is because we will be unable to guarantee their -------. If you have
11.
stored any food in the refrigerator, please take it home with you on Friday evening. On Monday morning, we ------- a new kitchen with more storage
12.
space, easy-clean surfaces, and an ice-maker.

9. (A) We will get new counters, cabinets, and a new refrigerator.

(B) This is the most deluxe kitchen we currently manufacture.

(C) Please write your name on any items you have in the refrigerator.

(D) All of the storage spaces will remain as they are.

クイズ

文選択問題。他の文を参照 (する文脈依存型・しない独立型) なので、(優先的に解こう・後回しにしてもよい)。指示文とヘッダーで概要を確認後、冒頭の文で話題をつかもう。話題はキッチンの (新商品発売・取り換え工事) なので(A)は (適切・不適切)。新しいキッチンを (自分たちが製造する・業者が取り換える) ので、(B)は (適切・不適切)。冷蔵庫の中身は (移動・廃棄) されるので、(C)は (適切・不適切)。保管場所は (そのままだ・広くなる) から(D)は (適切・不適切)。本文と照合し、答えは ((A)・(B)・(C)・(D)) だと分かる。

10. (A) instruct

(B) instructive

(C) instructed

(D) instruction

クイズ

品詞問題は他の文を参照 (する文脈依存型・しない独立型) なので、(優先的に解こう・後回しにしてもよい)。空所前のhaveと ((A)・(B)・(C)・(D)) で (現在形・現在完了形) になると考えれば、後ろに目的語the workersが続く文が完成する。空所が本動詞「持つ」の目的語だと考えて ((A)・(B)・(C)・(D)) を選ぶと、目的語が (1つ・2つ) になるので (正しい・誤った) 文になる。

11. (A) price

(B) freshness

(C) location

(D) popularity

クイズ

名詞が並んでいる語彙問題。空所近くの内容を確認しよう。空所前「保証できない」の目的語として意味がつながりそうな名詞は (いくつかある・ひとつしかない)。確認する範囲を広げよう。This is becauseで始まるこの文は、冷蔵庫の中身を処分する理由だ。((A)・(B)・(C)・(D)) を選べば、「冷蔵庫の品物の (値段・新鮮さ・場所・人気) を保証できないから」となり、意味がつながる。

12. (A) have had

(B) are having

(C) to have

(D) will have

クイズ

動詞の形を選ぶ問題。空所前のweに続けられる形は (いくつかある・ひとつしかない)。月曜の朝は、どの時制になるのか、さかのぼって確認しよう。冒頭で週末の工事は (現在・過去・未来) 時制で述べられている。週末後となる月曜の朝は (現在完了形・現在進行形・未来形) の ((A)・(B)・(C)・(D)) で表現するのが適切。

(設問)

Words & Phrases

currently 副 現在　　manufacture 動 〜を製造する　　remain 動 〜のままである

Questions 13-14 refer to the following advertisement.

Riverside Home — Hampton, London

This two-bedroom house is perfect for a young couple buying their first home. It is in a quiet area on the shore of the River Thames in Hampton. The property has a small backyard perfect for children. The current owner has updated all of the interior electrical wiring and plumbing in the last two years, so there should be few ongoing maintenance costs. This is a popular area and the property is likely to have a high resale value in the future.

Other benefits include:
• Walking distance to shops, train station, and bus stops
• Near the historic Hampton Court Castle
• A highly efficient central heating unit

The price will be revealed on application.
Contact Ralph Branson at GHT Real Estate to arrange an inspection and discuss financing options.
rbranson@ghtrealestate.com

Words & Phrases

（広告）

advertisement 名 広告　　perfect for ~ ~に最適な　　quiet 形 静かな　　area 名 地区

shore 名 岸　　property 名 不動産の物件　　backyard 名 裏庭　　current 形 現在の

owner 名 所有者　　update 動 ~を新しくする　　interior 形 内部の　　electrical wiring

電気配線　　plumbing 名 配管　　few 形 ほとんど~ない　　ongoing 形 進行中の　　popular

形 人気のある　　be likely to do ~しそうである　　resale 名 転売　　value 名 価値

in the future 将来　　benefit 名 利点　　include 動 ~を含む　　distance 名 距離

historic 形 歴史的な　　castle 名 城　　efficient 形 効率的な　　reveal 動 ~を明らかにする

on application 応募後すぐに　　contact 動 ~に連絡する　　real estate 不動産　　arrange

動 ~を手配する　　inspection 名 視察　　financing option 資金調達の選択肢

13. Who would the advertisement appeal to?

(A) Hampton business owners

(B) Holidaymakers

(C) Real estate agents

(D) Property investors

followingの後ろと文書タイトルから不動産の (求人・広告) だと分かる。冒頭にある1文の情報から答えを (決められる・決められない) ので、その先を読んでいこう。第5文の情報でこの物件の値上がりに言及していることから、不動産を (貸して・売買して) 利益を得る ((A)・(B)・(C)・(D)) が広告の対象だ。

14. What is NOT mentioned about the house?

(A) It offers off-street parking.

(B) It has recently received maintenance.

(C) It is in the vicinity of a historical site.

(D) It is conveniently located.

(A)〜(D)のうち文書に記述がない、あるいは文書と異なる選択肢が正解となる。駐車場については述べられて (いる・いない) ので、(A)は文書と (一致・不一致)。内部の電気配線と配管を新しく (した・していない) ので、(B)は文書と (一致・不一致)。近くにお城があるので、(C)は文書と (一致・不一致)。広告内で立地は (公共交通機関の徒歩圏内な・述べられていない) ので、(D)は (一致・不一致)。述べられていない ((A)・(B)・(C)・(D)) が正解。

Words & Phrases

(設問)

appeal to ~ ～に訴える　　holidaymaker 名 休日の行楽客　　investor 名 投資家

mention 動 ～について述べる　　offer 動 ～を提供する　　off-street 形 表通りから離れた

recently 副 最近　　in the vicinity of ~ ～の近くに　　conveniently 副 便利に

be located　位置している

Pomphrey Office Furniture
12 Brown Street
Auckland

18 May

Dear Ms. Cobb,

The set of boardroom furniture you ordered at our showroom earlier this month is ready for pickup at our warehouse at 5 Maycomb Avenue, Auckland. You may pick it up between 9:00 A.M. and 5:00 P.M. Monday through Friday. If you are unable to collect the items by 4 June, please contact me to ask for additional time. Otherwise, we will have it moved to our furniture showroom at 34 Holland Way.

Client Number: TY747389
Item Number: HJTY000003
Date of Order: 7 May
Cost of Item: $4587

Thank you for shopping at Pomphrey Office Furniture. We hope you visit us again when you are next in the market for office furniture.

Sincerely

Stan Keats

Stan Keats
Sales Manager – Pomphrey Office Furniture

Words & Phrases

（手紙）

boardroom 名 重役用会議室　　furniture 名 家具　　order 動 〜を注文する　　earlier 副 前に

be ready for 〜 〜の準備ができている　　pickup 名 受け取り　　warehouse 名 倉庫

be unable to do 〜できない　　collect 動 〜を受け取る　　item 名 品物　　by 前 〜までに

contact 動 〜に連絡する　　ask for 〜 〜を依頼する　　additional 形 追加の　　otherwise

副 さもなければ　　move 動 〜を移動させる　　client 名 顧客

in the market for 〜 〜を買いたいと思っている　　sales manager 営業部長

15. What does Mr. Keats say about Ms. Cobb's order?

(A) It has been shipped to the wrong address.

(B) It has arrived at a storage facility.

(C) It is not eligible for a discount.

(D) It has been returned to the manufacturer.

> **クイズ**
>
> ヘッダー、宛名、署名から、手紙の (差出人・受取人) が家具店のKeatsさんで、Cobbさんが (差出人・受取人) だと分かる。冒頭で注文した家具が (倉庫・店舗) にあり、受け取り準備ができていると述べられているので、正解は ((A)・(B)・(C)・(D)) だ。warehouseの言い換えに注意。

16. According to the letter, why might Ms. Cobb call Mr. Keats?

(A) To change her order

(B) To update a delivery address

(C) To request an extension

(D) To obtain a discount coupon

> **クイズ**
>
> 設問にmightが使われていることから、電話する可能性は (高い・低い) ことを念頭に答えを探そう。(Keatsさん・Cobbさん) が6月4日までに注文品を受け取れないときは、(注文の変更・配送先の更新・追加期間の依頼) を連絡するように、と述べられている。したがって、((A)・(B)・(C)・(D)) の目的で電話する可能性がある。

17. When did Ms. Cobb visit Pomphrey Office Furniture?

(A) On May 7

(B) On May 18

(C) On June 4

(D) On June 5

> **クイズ**
>
> Cobbさんが家具店を訪ねた日を問う問題。文書内にある日付を順に確認していこう。宛名の上にある5月18日は (手紙を書いた・家具店を訪ねた) 日。6月4日は (家具の受け取り期日・家具店を訪ねた日)。5月7日は (支払い日・注文日)。冒頭に (ショールームで・オンラインで) 注文したと述べられているので、家具店を訪れた日は注文と (異なる・同じ) ((A)・(B)・(C)・(D)) だ。

Words & Phrases

(設問)

ship 動 ～を発送する　　storage facility 保管施設　　be eligible for ~ ～の対象である

return 動 ～を返品する　　manufacturer 名 製造業者、メーカー

according to ~ ～によると　　update 動 ～を更新する　　delivery address 配送先

extension 名 延長　　obtain 動 ～を得る

Questions 18-20 refer to the following notice.

NOTICE

Dear Guests,

Welcome to the Gatwick Inn; St. Kilda's premier accommodation provider. Please note that this elevator will be out of commission for a few hours today. This is simply a routine inspection of the electrical system and the safety mechanism by specialists hired by the city council. The work will be carried out between the hours of 10 A.M. and 3 P.M. We do not anticipate any inconvenience to guests as the other two elevators have already been inspected, and they will be available all day.

Sincerely,

The Management

Words & Phrases

〈お知らせ〉

notice 名 お知らせ　　guest 名 宿泊客　　welcome to ~ ～へようこそ　　inn 名 宿
premier 形 最高級の　　accommodation 名 宿泊施設　　provider 名 供給者
please note that ~ ～にご注意ください　　out of commission 使用できない
for a few hours 数時間　　simply 副 単に　　routine 形 定例の　　inspection 名 検査
electrical 形 電気の　　safety mechanism 安全装置　　specialist 名 専門家
hire 動 ～を雇う　　city council 市議会　　carry out ~ ～を実行する
anticipate 名 ～を予測する　　inconvenience 名 不便さ　　already 副 すでに
inspect 動 ～を検査する　　available 形 利用できる　　all day 終日
management 名 経営者

18. For whom is the notice intended?

(A) Train passengers
(B) Office workers
(C) Hotel guests
(D) Library users

クイズ

お知らせを受け取る対象者を問う問題。宛名にguests、冒頭に (交通機関・ホテル・図書館) への歓迎の言葉があるので、((A)・(B)・(C)・(D)) が正解。

19. What will take place today?

(A) A convention
(B) A mechanical checkup
(C) A discount sale
(D) A sporting event

クイズ

設問のキーワードはtoday。todayを含む第2文には、エレベーターが使用できない、続く第3文には、その理由が (イベント・会議・機械の検査) だと述べられている。したがって、((A)・(B)・(C)・(D)) が正解。inspectionが言い換えられている点に気を付けよう。

20. When will the work be completed?

(A) This morning
(B) This afternoon
(C) Tomorrow morning
(D) Tomorrow afternoon

クイズ

作業に関する時間表現を確認していこう。エレベーターが使用できないのは (今日だけ・今日と明日)。また、作業の終了時刻は (午前10時・午後3時) と述べられているので、正解は ((A)・(B)・(C)・(D))。

Words & Phrases

(設問)

intended for ~ ~を対象としている　　passenger 名 乗客　　library 名 図書館

take place 行われる　　convention 名 会議　　mechanical 形 機械の　　checkup 名 検査

sporting event スポーツのイベント　　complete 動 ~を完了させる

Questions 21-25 refer to the following information, e-mail, and review.

Thank you for visiting the Gladwell Art Gallery

The gallery is run entirely by volunteers, and all of the artworks we have on permanent display have been donated by local businesses and private individuals. The building itself is provided by the city council as part of its heritage preservation initiative. The small admission fee we charge visitors helps us cover running costs, such as water, electricity, maintenance of the collection, and so on.

Financial contributions are greatly appreciated, and the gallery shows its appreciation by providing special events for people who contribute over $100 each year. This year's events include a gallery tour led by Steven Knight from the Chicago Bugle Arts Pages on March 23 and a preview of an exhibition by world-famous painter Fiona Wexler on September 4.

To:	Karen Daly <kdaly@dalyassociates.com>
From:	Max Finlay <mfinlay@gladwellartgallery.com>
Date:	February 8
Subject:	Invitation March 23 Special Event

Dear Ms. Daly,

I am writing to invite you to a special event on March 23. Originally, the event was to be a gallery tour, but Mr. Knight is no longer available. Instead, we have organized an art competition, which we would like you to help judge. Around 100 artworks submitted by local artists will be on display. You are invited to enjoy fine food, delicious beverages, and excellent entertainment provided by the Chicago Amateur Orchestra as you cast your vote.

Sincerely,

Max Finlay
Head Curator — Gladwell Art Gallery

Reviews of Fiona Wexler's *In the Now* exhibition at the Gladwell Art Gallery

Reviewer: Theodore Beauregard
I attended a preview of the exhibition the night before it was shown to the general public. I was extremely impressed with Ms. Wexler's talent even though it is not the first time I have attended one of her exhibitions. She is really growing as an artist. I imagine that the artworks will sell out soon. More than half of the works on display had already been sold by the end of the evening.

Words & Phrases

（案内）

run 動 〜を運営する　entirely 副 完全に　artwork 名 芸術作品　permanent 形 常設の

display 名 展示　donate 動 〜に寄付する　local 形 地元の　business 名 企業

individual 名 個人　provide 動 〜を提供する、与える　city council 市議会

as part of 〜 〜の一部として　heritage 名 (歴史的) 遺産　preservation 名 保護

initiative 名 取り組み　small 形 少額の　admission fee 入場料　charge 動 〜を請求する

cover 動 〜を賄う　running cost 維持費　such as 〜 〜のような　electricity 名 電気

〜 and so on 〜など　financial 形 財政の　contribution 名 寄付　greatly 副 非常に

appreciate 動 〜に感謝する　contribute 動 〜を寄付する　over 〜 前 〜を超えて

include 動 〜を含む　lead 動 〜を案内する　preview 名 内覧　exhibition 名 展覧会

world-famous 形 世界的に有名な　painter 名 画家

Words & Phrases

（Eメール）

invitation 名 招待　invite 動 〜を招待する　originally 副 もともと　no longer 〜

もはや〜ない　available 形 対応できる　instead 副 代わりに　organize 動 〜を計画する

art competition 芸術コンテスト　judge 動 〜を審査する　around 副 約　submit

動 〜を提出する　on display 展示されている　beverage 名 飲み物　cast 動 〜を投じる

Words & Phrases

（レビュー）

review 名 レビュー　reviewer 名 批評者　attend 動 〜に参加する　general public

一般人　extremely 副 非常に　impressed with 〜 〜に感銘する　talent 名 才能

even though 〜 〜にも関わらず　as an artist 芸術家として

imagine (that) 〜 〜と想像する　sell out 完売する　more than half of 〜 〜の半分以上

already 副 すでに　by the end of 〜 〜の終わりまでに

21. What is indicated about the Gladwell Art Gallery?

(A) It has a large gift store.

(B) It advertises in a local newspaper.

(C) It purchases art from private collectors.

(D) It is a nonprofit organization.

設問にindicated「示されている」という表現があるので、Gladwellアートギャラリーに関する記述から推測して答えを探そう。情報のタイトルに設問キーワードのギャラリー名がある。そして冒頭にこのギャラリーがボランティアによって(運営されている・利益を上げている)こと、企業や個人によって作品が(購入・寄贈)されていることが述べられている。したがって、((A)・(B)・(C)・(D))が正解。

22. What is probably true about Ms. Daly?

(A) She will meet with Mr. Knight on March 23.

(B) She has subscribed to an art gallery newsletter.

(C) She is a member of the Chicago Amateur Orchestra.

(D) She made a donation to the Gladwell Art Gallery.

設問にprobably「たぶん」が入っているので、Dalyさんに関する記述から推測して答えを探そう。情報の第4文に(会員になった・寄付をした)人は特別イベントに招待される、第5文に特別イベントの開催は3月23日と9月4日と述べられている。また、Eメールのヘッダーと冒頭の第1文から、Dalyさんは(Knight氏・ギャラリー)から3月23日の特別イベントに(招待された・代役を頼まれた)と分かる。これらの情報を組み合わせて、((A)・(B)・(C)・(D))を選ぼう。

23. What is indicated about the March 23 event?

(A) It will be featured in a newspaper.

(B) Refreshments will be provided.

(C) A famous artist will attend.

(D) It will be held at the city hall.

Dalyさんに届いた3月23日のイベントに招待するEメールは、最後の文で(著名画家・飲食・新聞記事・開催地)について言及している。その情報から、正解は((A)・(B)・(C)・(D))だと分かる。メールと選択肢で異なる表現になっている点に注意しよう。

24. When did Mr. Beauregard probably attend the Gladwell Art Gallery?

(A) On February 8
(B) On March 23
(C) On September 4
(D) On September 5

クイズ

設問のキーワード Mr. Beauregard は (案内・Eメール・レビュー) に登場する。タイトルと冒頭部分から Gladwell アートギャラリーの (芸術家のコンテスト・Wexler 氏の展覧会) の内覧に参加したことが分かる。このイベントは (会員になった・寄付をした) 人が招待される特別イベントで、開催日は (案内・Eメール・レビュー) に述べられている。正解は ((A)・(B)・(C)・(D))。

25. What does Mr. Beauregard suggest about the artworks at the *In the Now* exhibition?

(A) They have been discounted.
(B) They were painted by various artists.
(C) They are popular with collectors.
(D) They are part of the gallery's permanent collection.

クイズ

設問に suggest「示唆する」が入っているので、Beauregard さんが現在の展覧会について述べている (案内・Eメール・レビュー) から推測して答えを探そう。文書の最後に (地元の芸術家たち・Wexler 氏) の作品について (完売が予想される・値引きが適用される・常設展に寄贈される) と書いてある。これを言い換えた ((A)・(B)・(C)・(D)) が正解。

Words & Phrases

(設問)

indicated about ~ ～について示されている　　gift store 土産店　　advertise 動 ～を宣伝する

purchase 動 ～を購入する　　private collector 個人収集家　　nonprofit organization
非営利団体　　probably true about ~ ～について正しいと思われる

subscribe to ~ ～を定期購読する　　donation 名 寄付　　feature 動 ～を特集する

refreshments 名 軽食　　be held 開催される　　city hall 市役所　　suggest 動 ～を示唆する

discount 動 ～を値引きする　　various 形 さまざまな　　popular with ~ ～に人気の

part of ~ ～の一部　　permanent collection 常設展

》》 MINI TEST の解答・解説は 176 ページから

解答・解説

動詞の前は主語＝名詞　名詞は -ty

1. ------- is very important for people working in the advertising industry.

❷動詞

(A) Creative
形 創造的な
(B) Creativity
名 創造性
(C) Creatively
副 創造的に
(D) Create
動 ～を創造する

❶語尾をチェック

❶まず選択肢を見る。(A) ～ (D)には品詞を (変える・変えない) 語尾が付いているので (動詞の形・品詞) の問題。❷空所後に動詞isがあるので、文頭の空所には (主語・修飾語) の (名詞・形容詞) が入る。❸ (名詞・形容詞) の (語頭・語尾) を持つ ((A)・(B)・(C)・(D)) が正解。

訳　創造性は、広告業界で働く人々にとって極めて重要だ。

1人、2人と数えられる assistant は OK (数えられない assistance は NG)

2. Mr. Jones hired an ------- to help him with his busy schedule.

❷冠詞 an は名詞とセット

(A) assistance
名 支援
(B) assist
動 ～を助ける
(C) assistant
名 助手
(D) assisted
動 ～を助けた(過去形)、助けられた(過去分詞)

❶語尾をチェック

❶選択肢の (語頭・語尾) から、(同じ・異なる) 品詞が並んでいると分かる。❷空所前には (名詞・形容詞) に付ける冠詞のanがあるので、(名詞・形容詞) を選ぼう。❸anは数えられ (る・ない) 場合に使うので、選択肢にある2つの (名詞・形容詞) のうち、適切なのは ((A)・(B)・(C)・(D))。

訳　Jonesさんは、忙しいスケジュールの彼を助ける助手を雇った。

動詞の後ろは目的語＝名詞　名詞は -tion

3. Harmon Inc. ensures ------- by conducting regular surveys.

❷動詞

(A) satisfaction
名 満足
(B) satisfy
動 ～を満足させる
(C) satisfactory
形 満足できる
(D) satisfied
形 満足した、動 ～を満足させた(過去形)

❶語尾をチェック

❶選択肢に (同じ・異なる) 品詞が並んでいる問題では、空所前後を確認しよう。❷空所前に (名詞・動詞) ensures、空所後に前置詞byがある。❸空所には(修飾語・目的語)となる (名詞・形容詞) が必要。(名詞・形容詞) の語尾が付いている ((A)・(B)・(C)・(D)) が正解。

訳　Harmon社は定期的な調査を実施することによって、満足度を保証する。

動詞の前は主語＝名詞　名詞は -ment

4. Every ------- is marked on the office calendar.

❷every は単数名詞とセット

(A) appointment
名 予約
(B) appoint
動 ～を任命する
(C) appointing
動 ～を任命する(現在分詞)
(D) appointed
動 ～を任命した(過去形)、任命された(過去分詞)

❶語尾をチェック

❶選択肢に (同じ・異なる) 品詞が並んでいる問題。❷空所前に (動詞・名詞) に付く目印every、空所後に動詞のかたまりis markedがある。❸この空所には (修飾語・主語) となる (副詞・名詞) を選ぼう。(副詞・名詞) の (語頭・語尾) が付いている ((A)・(B)・(C)・(D)) が正解。

訳　全ての予約はオフィスのカレンダーにマークされている。

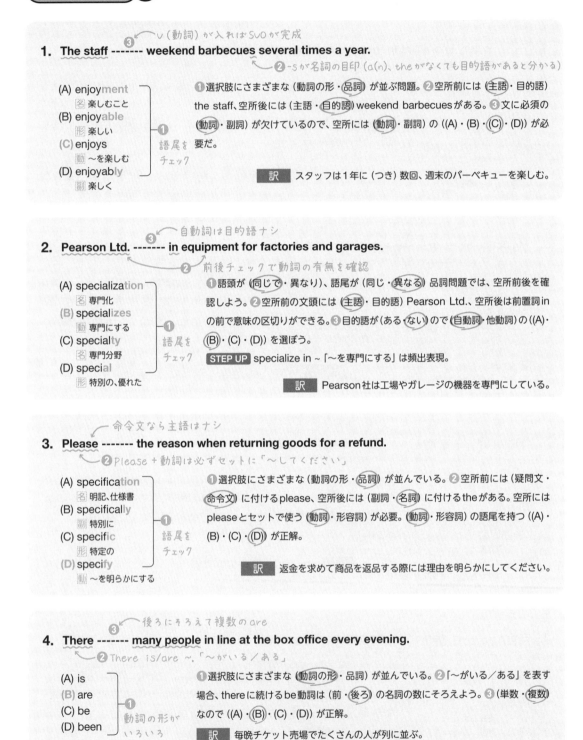

ナビクイズ 02 解答・解説

1. The staff ------- weekend barbecues several times a year.

(A) enjoyment 名 楽しむこと
(B) enjoyable 形 楽しい
(C) enjoys 動 〜を楽しむ
(D) enjoyably 副 楽しく

❶選択肢にさまざまな（動詞の形・品詞）が並ぶ問題。❷空所前には（主語・目的語）the staff、空所後には（主語・目的語）weekend barbecuesがある。❸文に必須の（動詞・副詞）が欠けているので、空所には（動詞・副詞）の((A)・(B)・(C)・(D))が必要だ。

訳 スタッフは1年に（つき）数回、週末のバーベキューを楽しむ。

2. Pearson Ltd. ------- in equipment for factories and garages.

(A) specialization 名 専門化
(B) specializes 動 専門にする
(C) specialty 名 専門分野
(D) special 形 特別の、優れた

❶語頭が（同じで・異なり）、語尾が（同じ・異なる）品詞問題では、空所前後を確認しよう。❷空所前の文頭には（主語・目的語）Pearson Ltd.、空所後は前置詞inの前で意味の区切りができる。❸目的語が（ある・ない）ので（自動詞・他動詞）の((A)・(B)・(C)・(D))を選ぼう。

STEP UP specialize in ~「〜を専門にする」は頻出表現。

訳 Pearson社は工場やガレージの機器を専門にしている。

3. Please ------- the reason when returning goods for a refund.

(A) specification 名 明記、仕様書
(B) specifically 副 特別に
(C) specific 形 特定の
(D) specify 動 〜を明らかにする

❶選択肢にさまざまな（動詞の形・品詞）が並んでいる。❷空所前には（疑問文・命令文）に付けるplease、空所後には（副詞・名詞）に付けるtheがある。空所にはpleaseとセットで使う（動詞・形容詞）が必要。（動詞・形容詞）の語尾を持つ((A)・(B)・(C)・(D))が正解。

訳 返金を求めて商品を返品する際には理由を明らかにしてください。

4. There ------- many people in line at the box office every evening.

(A) is
(B) are
(C) be
(D) been

❶選択肢にさまざまな（動詞の形・品詞）が並んでいる。❷「〜がいる／ある」を表す場合、thereに続けるbe動詞は（前・後ろ）の名詞の数にそろえよう。❸（単数・複数）なので((A)・(B)・(C)・(D))が正解。

訳 毎晩チケット売場でたくさんの人が列に並ぶ。

132

1. 過去形は -ed ③

Last week, Maxwell Museum ------- some Egyptian artifacts from a famous collection.

② lastは過去

(A) receive
原形、現在形
(B) receiving
現在分詞
(C) received
過去形
(D) to receive
to不定詞

① 現在分詞だけ
to不定詞だけでは
文の動詞になれない

① (A)～(D)には（名詞・動詞）のさまざまな形が並んでいる。主語の数と時間表現を確認しよう。② 文頭にあるlast weekは（現在・過去・未来）の時間表現だ。③ 時間をそろえて（現在形・過去形・未来形）の（(A)・(B)・(C)・(D)）を選べばよい。

訳 先週、Maxwell Museumは有名なコレクションからいくつかのエジプト工芸品を受け取った。

2. 会社名に -s が付いても会社は1つ（単数）　動詞には三単現の -s が付く ③

Pearson Electronics ------- graduates from the state's top universities every year.

「毎年」は習慣　動詞は現在形に ②

(A) hirer
名 雇い主
(B) hiring
現在分詞
(C) hires
現在形（三人称単数）
(D) to hire
to不定詞

① 現在分詞だけto
不定詞だけでは
文の動詞になれない

① 空所前に主語があり、空所後に目的語graduates「卒業生」があるので、動詞の形を選ぶ問題。② 文末のevery year「毎年」は繰り返し行われる習慣を表すので、動詞は（現在形・過去形・未来形）を使う。③ 主語の会社名Pearson Electronicsは（単数・複数）扱いなので、主語の数に合わせて（(A)・(B)・(C)・(D)）を選ぼう。

訳 Pearson Electronics社は毎年、州のトップクラスの大学から卒業生を雇っている。

3. 動詞を助ける助動詞は、動詞の前でサポートする ③

According to her schedule, Ms. Redmayne should ------- in Paris at around 3:00 P.M.

助動詞＋動詞（原形）はセット ②

(A) arrive
原形、現在形
(B) arriving
現在分詞
(C) to arrive
to不定詞
(D) has arrived
現在完了形

① 現在分詞だけ、
to不定詞だけ
では文の動詞
になれない

助動詞の後ろにhasはNG haveならOK

① (A)～(D)に動詞arriveの異なる形が並んでいる。② 空所（直前・直後）にある（should・in）がヒント。③ （助動詞・前置詞）は（前・後ろ）に動詞の（現在分詞・原形）が必要なので、（(A)・(B)・(C)・(D)）が正解。

訳 Redmayneさんは彼女のスケジュールによると、午後3時ごろにParisに到着するはずだ。

4. 複数　動詞に三単現の -s は付かない ②

This month, workers ------- the road between East Dunhill and Acaster.

(A) widens
現在形（三人称単数）
(B) widening
現在分詞
(C) to widen
to不定詞
(D) will widen
未来形

① 現在分詞だけ、
to不定詞だけ
では文の動詞
になれない

① 選択肢にはさまざまな動詞の形が並んでいる。② 主語は（単数・複数）の（this month・workers）。選択肢のうち、（単数・複数）の主語に続けられる本動詞の形（(A)・(B)・(C)・(D)）が正解。

訳 今月、作業員はEast DunhillとAcasterをつなぐ道路の道幅を広げるだろう。

1. 現在進行形で未来を表す（準備が進行中だから）

The company ------- a new office in Bradman before the end of this year.

② 未来「今年の年末前には」

(A) are opened
受動態　現在形

(B) has opened
現在完了形

(C) opens
現在形（三人称単数）

(D) is opening
現在進行形

① 動詞の形
がいろいろ

❶（動詞の形・品詞）が異なる選択肢が並んでいる場合、主語の数と時間表現を確認しよう。❷文末のbefore the end of this yearは（現在・過去・未来）を表すので、（現在形・現在完了形・現在進行形）を選ぼう。❸（単数・複数）の主語the companyに合う（(A)・(B)・(C)・(D)）が正解。

訳　会社は今年の年末前にはBradmanに新しいオフィスを開く予定だ。

2. 過去進行形　意味は「〜していた」

Event organizers ------- the seating right up until the event started.

② 複数の主語なら be動詞はare/were

(A) to arrange
to不定詞

(B) has arranged
現在完了形

(C) is arranging
現在進行形

(D) were arranging
過去進行形

① to不定詞だけでは文の動詞になれない

❶動詞arrangeの形を問う問題。主語の数と時間表現を確認しよう。❷（単数・複数）の主語event organizersに合わせて、（has・is・were）で始まる（(A)・(B)・(C)・(D)）を選ぼう。「（〜している・〜していた）」となり、❸時間表現 right up until the event started「ちょうどイベントが始まるまで」ともうまくつながる。

訳　イベントの主催者はちょうどイベントが始まるまで座席を並べていた。

3. ❸ 会社名、人名（固有名詞）は大文字

Mercury Photography ------- the Brighton area for over 50 years.

② for があったら完了形

(A) has served
現在完了形

(B) will be served
受動態　未来形

(C) is serving
現在進行形

(D) serves
現在形（三人称単数）

① 動詞の形
がいろいろ

❶動詞serveの形を問う問題。❷for over 50 yearsは（幅のある期間・瞬間の時間）を表すので、（進行形・完了形・現在形）の（(A)・(B)・(C)・(D)）を選ぼう。❸ちなみに、会社名はMercury Photographyのように大文字で表記し、（単数・複数）とみなす。

訳　Mercury Photography社は、50年以上の間Brighton地区にサービスを提供してきた。

4. The flight ------- by the time you get to the airport unless you take a taxi.

② 未来完了形の目印

(A) is departing
現在進行形

(B) had departed
過去完了形

(C) will have departed
未来完了形

(D) was departing
過去進行形

① 動詞の形
がいろいろ

❶動詞departの形を問う問題。❷by the timeに注目しよう。by the time 〜「〜するときまでには」と一緒に使われるのは（現在進行形・過去完了形・未来完了形・過去進行形）だ。よって（(A)・(B)・(C)・(D)）が正解。

訳　タクシーに乗らない限り、空港に到着するときまでに飛行機は出発してしまっているだろう。

1. Company executives ------- to a banquet at the Greenway Hotel.

❸ -s付き主語は複数　受動態は are ＋過去分詞

❷ 直後が前置詞なら目的語ナシ＝受動態

(A) are inviting
　現在進行形
(B) are invited
　受動態　現在形
(C) has invited
　現在完了形
(D) invited
　過去形、過去分詞

❶ 動詞の形がいろいろ
受動態は (B) だけ

❶（動詞の形・品詞）が異なる選択肢が並んでいる場合、態、主述の一致、時制を確認しよう。❷ 空所直後はto。動詞inviteの目的語が（ある・ない）ので、（能動態・受動態）を選ぼう。❸（単数・複数）の主語company executivesに合う（能動態・受動態）の形、((A)・(B)・(C)・(D)) が正解だ。

訳　会社の重役はGreenway Hotelでの夕食会に招待される。

2. The audience ------- to see several other famous musicians on the stage.

❸ -sナシ主語は単数　受動態は was ＋過去分詞

❷ 直後がtoや前置詞なら目的語ナシ＝受動態

(A) was surprising
　過去進行形
(B) surprises
　現在形「〜を驚かせる」
(C) was surprised
　受動態　過去形「驚いた」
(D) have surprised
　現在完了形

❶ 動詞の形がいろいろ
受動態は (C) だけ

❶ 動詞surpriseに-ingや-edの付いた形が並んでいるので、態、主述の一致、時制を確認しよう。❷ 空所直後はto。動詞surpriseの目的語が（ある・ない）ので、（能動態・受動態）を選ぼう。❸（単数・複数）の主語the audienceに合う（能動態・受動態）の形、((A)・(B)・(C)・(D)) が正解だ。

訳　聴衆はステージ上にいる数人の他の有名音楽家を見て驚いた。

3. V-Tuned Garage ------- (the Greendale Better Business Bureau Award) five times.

❸ 目的語が1つ減ったら受動態

❷ 空所後には目的語1つ（大文字表記から1つの賞の名前だと分かる）

(A) has awarded
　現在完了形
(B) has been awarded
　現在完了 [has been] ＋受動態
　[been awarded]の組み合わせ
(C) awarding
　現在分詞
(D) have awarded
　現在完了形

❶ 動詞の形がいろいろ
受動態は (B) だけ

❶ 動詞awardの形を問う問題。態、主述の一致、時制を確認しよう。❷ award は「〜に〜（賞など）を与える」の意味。能動態であれば目的語が（1つ・2つ）。❸ 空所後の目的語は（1つ・2つ）なので、V-Tuned Garageが（主語・目的語）になった（能動態・受動態）だ。正解は ((A)・(B)・(C)・(D))。

訳　V-Tuned Garageは、Greendale Better Business Bureau賞を5回与えられたことがある。

4. The company's computers ------- to handle the new software.

❸ is/are being 過去分詞「〜されているところだ」の意味

❷ 直後がtoや前置詞なら目的語ナシ＝受動態

(A) are being upgraded
　現在進行形 [are being] ＋受動態
　[being upgraded]の組み合わせ
(B) are upgrading
　現在進行形
(C) upgrade
　現在形
(D) has upgraded
　現在完了形

❶ 動詞の形がいろいろ
受動態は (A) だけ

❶ さまざまな動詞の形が並んでいるので、態、主述の一致、時制を確認しよう。❷ 空所直後はto。動詞upgradeの目的語が（ある・ない）ので、（能動態・受動態）を選ぼう。❸（単数・複数）の主語the company's computersに合う（能動態・受動態）の形、((A)・(B)・(C)・(D)) が正解だ。

訳　会社のコンピューターは、新しいソフトウェアに対処するためにアップグレードされているところだ。

1. Online reviews confirm that Dobson Press is -------.

be動詞の後ろは形容詞　形容詞は-able

❷ isはイコール

(A) dependence
　名 依存
(B) dependability
　名 信頼性
(C) dependable
　形 信頼できる
(D) depend
　動 依存する

❶ 語尾をチェック

❶ 選択肢に（同じ・**異なる**）品詞が並んでいる問題。❷ 空所前のbe動詞isには、He is kind.「彼＝親切」のように主語と性質をイコールで結ぶ働きがある。❸ 空所には性質を表す（名詞・**形容詞**）が必要なので、（名詞・**形容詞**）の（語頭・**語尾**）が付いている（(A)・(B)・**(C)**・(D)）が正解。

訳 オンラインの評価は、Dobson Press社が信頼できると裏付けている。

2. The hotel is surrounded by ------- cafés and restaurants.

品詞を絞り込んだら意味を確認　「素晴らしいカフェ」OK「感嘆しているカフェ」NG

❷ 名詞の前には形容詞　-ing? -ful? どっちかな？

(A) wondering
　形 感嘆している
(B) wonderfully
　副 素晴らしく
(C) wonder
　動 ～に感嘆する
(D) wonderful
　形 素晴らしい

❶ 語尾をチェック

❶ 選択肢に（同じ・**異なる**）品詞が並ぶ問題。空所前にby、空所後に名詞のかたまりcafés and restaurantsがある。❷ 空所はカフェやレストランを（**修飾する**・目的語とする）単語を選ぼう。❸ 選択肢にある2つの（名詞・**形容詞**）のうち、自然な意味になるのは（(A)・(B)・(C)・**(D)**）。

訳 そのホテルは素晴らしいカフェとレストランに囲まれている。

3. Samson Homes is one of the Tully region's ------- businesses.

現在分詞-ing「～している」は名詞を修飾

❷ -'s「～の」+修飾語+名詞　の順

(A) led
　動 リードされた（過去分詞）
(B) leading
　動 リードしている（現在分詞）
(C) leader
　名 リーダー
(D) leadership
　名 統率力

❶ 語尾をチェック

❶ 選択肢に（同じ・**異なる**）品詞が並んでいる問題。❷ 空所前the Tully region'sの's は「～の」を表し、空所後businessesは（動詞・**名詞**）だ。空所にはbusinessesを修飾する単語を選ぼう。❸ 正解は（**現在分詞**・過去分詞）の語尾（**-ing**・-er・-ship）が付いた（(A)・**(B)**・(C)・(D)）。

訳 Samson Homes社はTully地区をリードしている企業の1つだ。

4. You can contact our ------- support technicians 24 hours a day.

過去分詞-ed「～られた」は名詞を修飾

❷ 本動詞アリ　　所有格代名詞と名詞の間は修飾語

(A) qualified
　動 資格の与えられた
　　（過去分詞）
(B) qualification
　名 資格
(C) qualify
　動 ～に資格を与える
(D) qualifies
　動 ～に資格を与える

❶ 語尾をチェック

❶ 語尾が異なる品詞問題。❷ 動詞のかたまりcan contactがあるので、空所に本動詞は（必要・**不要**）。空所前に（**所有格**・目的格）の代名詞our、空所後に名詞のかたまりsupport techniciansがある。空所には（**修飾する**・本動詞になる）語が必要だ。❸ 正解は語尾（**-ed**・-fy・fies）を持つ（**(A)**・(B)・(C)・(D)）。

訳 24時間いつでも私どもの資格の与えられたサポート技術者に連絡できます。

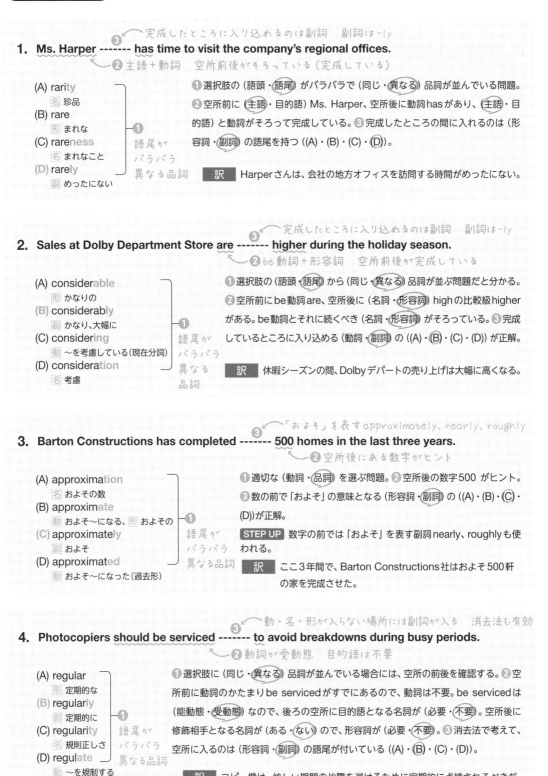

完成したところに入り込めるのは副詞　副詞は -ly ③

1. Ms. Harper ------- has time to visit the company's regional offices.

② 主語＋動詞　空所前後がそろっている（完成している）

(A) rarity
　名 珍品
(B) rare
　形 まれな
(C) rareness
　名 まれなこと
(D) rarely
　副 めったにない

語尾が
バラバラ
異なる品詞
①

❶ 選択肢の（語頭・語尾）がバラバラで（同じ・異なる）品詞が並んでいる問題。❷ 空所前に（主語・目的語）Ms. Harper、空所後に動詞 has があり、（主語・目的語）と動詞がそろって完成している。❸ 完成したところの間に入れるのは（形容詞・副詞）の語尾を持つ((A)・(B)・(C)・(D))。

訳 Harper さんは、会社の地方オフィスを訪問する時間がめったにない。

完成したところに入り込めるのは副詞　副詞は -ly ③

2. Sales at Dolby Department Store are ------- higher during the holiday season.

② be 動詞＋形容詞　空所前後が完成している

(A) considerable
　形 かなりの
(B) considerably
　副 かなり、大幅に
(C) considering
　動 ～を考慮している（現在分詞）
(D) consideration
　名 考慮

語尾が
バラバラ
異なる
品詞
①

❶ 選択肢の（語頭・語尾）から（同じ・異なる）品詞が並ぶ問題だと分かる。❷ 空所前に be 動詞 are、空所後に（名詞・形容詞）high の比較級 higher がある。be 動詞とそれに続くべき（名詞・形容詞）がそろっている。❸ 完成しているところに入り込める（動詞・副詞）の((A)・(B)・(C)・(D))が正解。

訳 休暇シーズンの間、Dolby デパートの売り上げは大幅に高くなる。

「およそ」を表す approximately、nearly、roughly ③

3. Barton Constructions has completed ------- 500 homes in the last three years.

② 空所後にある数字がヒント

(A) approximation
　名 およその数
(B) approximate
　動 およそ～になる、形 およその
(C) approximately
　副 およそ
(D) approximated
　動 およそ～になった（過去形）

語尾が
バラバラ
異なる品詞
①

❶ 適切な（動詞・品詞）を選ぶ問題。❷ 空所後の数字 500 がヒント。❸ 数の前で「およそ」の意味となる（形容詞・副詞）の((A)・(B)・(C)・(D))が正解。

STEP UP 数字の前では「およそ」を表す副詞 nearly、roughly も使われる。

訳 ここ 3 年間で、Barton Constructions 社はおよそ 500 軒の家を完成させた。

動・名・形が入らない場所には副詞が入る　消去法も有効 ③

4. Photocopiers should be serviced ------- to avoid breakdowns during busy periods.

② 動詞が受動態　目的語は不要

(A) regular
　形 定期的な
(B) regularly
　副 定期的に
(C) regularity
　名 規則正しさ
(D) regulate
　動 ～を規制する

語尾が
バラバラ
異なる品詞
①

❶ 選択肢に（同じ・異なる）品詞が並んでいる場合には、空所の前後を確認する。❷ 空所前に動詞のかたまり be serviced がすでにあるので、動詞は不要。be serviced は（能動態・受動態）なので、後ろの空所に目的語となる名詞が（必要・不要）。空所後に修飾相手となる名詞が（ある・ない）ので、形容詞が（必要・不要）。❸ 消去法で考えて、空所に入るのは（形容詞・副詞）の語尾が付いている((A)・(B)・(C)・(D))。

訳 コピー機は、忙しい期間の故障を避けるために定期的に点検されるべきだ。

ピンポイントの場所は点を表すat

1. We will be installing a drinking fountain ------- the end of the hall.

イディオム表現を確認　イディオムがなければ空所後の確認❷

(A) by
(B) in
(C) on
(D) at

❶前置詞が
いろいろ

❶前置詞を選ぶ問題には「イディオムを完成させる」「空所（前・後）の時間や場所に合わせて選ぶ」の2パターンがある。❷イディオムになる表現はないので、時間／場所を確認しよう。the end of the hallは（時間・場所）。❸（点・広がり・長時間）を指す（(A)・(B)・(C)・(D)）が正解。

STEP UP　時間を表すby the end of ~「~の終わりまでに」は頻出表現。

訳　廊下の端に水飲み場を設置する予定だ。

---

for/overは時間の長さ、sinceは開始時点
（例：since yesterday）

2. Maddox Pharma has grown significantly ------- the last five years.

❷空所前に現在完了形　over? since?

(A) over
(B) since
(C) once
(D) with

❶
時に関連する
前置詞が多い
時制も確認

❶前置詞が並ぶ問題。❷空所前の（過去形・現在完了形）がヒント。（過去形・現在完了形）は、空所後のthe last five years「ここ5年」のような時間の長さと共に使われる。❸よって正解は期間を表す（(A)・(B)・(C)・(D)）。

STEP UP　現在完了形＋for/over＋時間の長さは頻出パターン。

訳　Maddox Pharma社は、ここ5年間にわたってかなり成長した。

未来willと相性抜群　by the time ~「~する時までに」

3. Most of the staffing decisions will be made ------- the time the hospital is complete.

the timeとイディオムになるのは？

(A) as
(B) in
(C) by
(D) for

❶
前置詞がいろいろ
イディオム？
後ろに合わせる？

❶前置詞が選択肢に並んでいる。❷まずは空所前後でイディオムになるかどうか確認しよう。❸（(A)・(B)・(C)・(D)）は空所後にある（the time・complete）とセットになると、イディオム「~するときまでに」となる。（will・is）を含む（現在・未来）の表現で使われる。

訳　病院が完成するときまでには、人員配置の決定の大部分がなされるだろう。

イディオムprovide 人にwith モノを

4. Ms. Holmes asked that the company provide her ------- an assistant.

イディオムのヒント provide + her

(A) with
(B) along
(C) for
(D) to

❶
前置詞がいろいろ
イディオム？
後ろに合わせる？

❶前置詞の問題。❷空所前後でイディオムになるかどうか確認しよう。❸空所前にある（ask・provide）とセットになり、彼女＝Holmesさんに助手を（依頼して・与えて）の意味にするには、（(A)・(B)・(C)・(D)）が必要。

STEP UP　provide人にwithモノを、provideモノをfor人に、の2つのパターンがある。

訳　Holmesさんは、会社が彼女に助手を付けることを依頼した。

1. Fielding Hardware made its catalog (------- on the store's Web site).

形容詞は -ible、-able

③
② かたまりを作って後ろから修飾するのは形容詞

(A) accessible
　形 アクセス可能な
(B) accessibility
　名 利用可能性
(C) access
　名 アクセス、
　動 ～にアクセスする
(D) accessibly
　副 利用しやすく

異なる品詞が並んでいる
①

❶品詞問題。空所前後を確認しよう。❷空所前に名詞catalog、空所後は前置詞onの前で意味の区切りができる。「店のウェブサイト上で～な」という修飾語句を作るためには、❸空所に (名詞・**形容詞**) ((A)・(B)・(C)・(D)) が必要だ。

STEP UP 形容詞は1つで前から、数語のかたまりで後ろから名詞を修飾する。

訳 Fielding Hardware社は、店のウェブサイト上でアクセス可能なカタログを作った。

2. The organizing committee decided to send Mr. Jones something (------- their appreciation).

空所は修飾の形
③ to不定詞が後ろから修飾
② send は「～に～を送る」

(A) shows ←
　現在形
(B) to show
　to不定詞
(C) has shown ←
　現在完了形
(D) is showing ←
　現在進行形

①
本動詞の形は修飾に使えない

❶動詞の形を選ぶ問題。❷動詞send以降は「Jonesさんにsomethingを送る」の意味。❸動詞sendがあるので、空所には (本動詞・**修飾する形**) が必要。空所からappreciationまでで「感謝の意を表すための」という意味を表すには、((A)・(B)・(C)・(D)) が適切。STEP UP something/anythingの修飾語句 (to不定詞や形容詞) は前ではなく後ろに付ける。「何か新しい物」 OK something new NG new something

訳 組織委員会は、Jonesさんに何か感謝の意を表すためのものを送ると決定した。

3. Customers (------- membership cards) will get a 10 percent discount.

現在分詞 -ing「～している」は後ろから修飾
③
② 本動詞は will get 1つで十分

(A) to be held
　受動態 to不定詞
(B) holding
　現在分詞
(C) have held ←
　現在完了形
(D) are held
　受動態　現在形

①
本動詞の形は修飾に使えない

❶選択肢にさまざまな (**動詞の形**・品詞) が並ぶ問題。❷空所後には動詞のかたまりwill get「得るだろう」がある。❸したがって、空所には主語customers (に続ける本動詞の形・**を修飾する形**) が必要。「会員証を持っている人々」というかたまりを作るには ((A)・(B)・(C)・(D)) の (to不定詞・**現在分詞**) が適切。空所後に目的語が (**ある**・ない) ので、(能動態・**受動態**) の (to不定詞・現在分詞) は不適切。

訳 会員証を持っている客は、10%の割引を得るだろう。

4. Staff members (------- at the Rolston Factory) received an additional bonus.

後ろから修飾　後ろは at = 目的語ナシ = 受動態 = 過去分詞
③
② 本動詞は received 1つで十分

(A) to employ
　to不定詞
(B) are employing
　現在進行形
(C) employ ←
　現在形
(D) employed
　過去分詞

①
本動詞の形は修飾に使えない

❶選択肢にさまざまな (**動詞の形**・品詞) が並ぶ問題。❷空所後に本動詞receivedがあるので、「職員は受け取った」の意味となる。❸すでに本動詞があることから、空所には主語staff membersを修飾する形が必要。「Rolston工場に雇用 (している・**されている**) 職員」というかたまりを作るには ((A)・(B)・(C)・**(D)**) の (to不定詞・**過去分詞**) が適切。

訳 Rolston工場に雇用されている職員は、追加のボーナスを受け取った。

1. more または -er

The HB-V is ------- known than any of the other vehicles Brisk Automobiles currently produces.

比較級の目印 than

(A) more widely
副 比較級

(B) most widely
副 最上級

(C) widely
副 原級

(D) wide
形 原級

比較の形がいろいろ

❶比較の問題。「(前・後ろ)を確認し、asなら(原級・比較級)、thanなら(原級・比較級)」を選ぼう。❷空所(前・後)に(原級・比較級・最上級)の目印thanがある。❸(more・most)が(付く・付かない)((A)・(B)・(C)・(D))が正解。

STEP UP 空所前後はis known。間に追加できるのは副詞だ。

訳 HB-Vは、Brisk Automobilesが現在製造している他のどの車両よりも広く知られている。

---

2. as 原級 as(原級は -er/-est などが付かないそのままの形)

As ------- as 200 people turned up for the product launch in Tokyo.

原級の目印 as

(A) more
形 比較級

(B) most
形 最上級

(C) many
形 原級

(D) mostly
副 原級

比較の形がいろいろ

❶比較の問題。❷空所後を見ると(原級・比較級・最上級)の目印asがある。❸asに挟まれている空所には形が(変化した・変化しない)(原級・比較級・最上級)が必要。((A)・(B)・(C)・(D))を選べば、後ろの数字を強調する「〜もの」という意味のかたまりが完成する。

訳 200人もの人々が、東京での製品の新発売に出席した。

「外してチェック」( )を外して、選択肢だけを入れる。意味が自然につながる方が正解

3. As the glasses are fragile, it is important to package them (as ------- as possible).

原級の目印 as　　答えは secure? securely?

(A) secure
形 原級

(B) more secure
形 比較級

(C) securest
形 最上級

(D) securely
副 原級

比較の形がいろいろ

❶比較の問題。❷asに挟まれている空所には形が(変化した・変化しない)(原級・比較級・最上級)が入るので選択肢は2つに絞り込まれる。❸決め手は「外してチェック」。as ------- as possibleを外して、選択肢だけを入れてみよう。自然な意味「それらを(頑丈な・頑丈に)梱包する」となるのは(形容詞・副詞)の((A)・(B)・(C)・(D))だ。

訳 グラスは壊れやすいので、できるだけ頑丈に梱包することが重要だ。

---

4. more または -er

Shipments ------- than 2,000 units may take three days to arrive.

比較級の目印 than

(A) largest
形 最上級

(B) larger
形 比較級

(C) large
形 原級

(D) largely
副 原級

比較の形がいろいろ

❶比較の問題。❷空所後を見ると(原級・比較級・最上級)の目印thanがある。❸空所には形が(変化した・変化しない)(原級・比較級・最上級)が必要なので、((A)・(B)・(C)・(D))が正解。

訳 2,000単位より多い発送は、到着するのに3日かかるかもしれない。

1. Many products (------- are sold online) cost less than they do in stores.

直後が動詞なら関係代名詞
❷前に名詞＝先行詞アリ　whatはNG

(A) whose
所有格の関係代名詞
空所前後で「の」つながり

(B) where
関係副詞　後ろの節が完成

(C) that
関係代名詞　先行詞は人・もの

(D) what
関係代名詞　先行詞ナシ

❶関係詞が並ぶ問題

❶関係詞を選ぶ問題。先行詞があるか、空所直後は何か、後ろの節が完全かどうか、を確認する。❷空所前は (動詞・名詞) products。先行詞が (ある・ない) ので、(that・what) は不適切。❸空所直後が (名詞・動詞) are なので、(主格・目的格・所有格) の関係代名詞 ((A)・(B)・(C)・(D)) を選ぼう。

訳 オンラインで売られている多くの製品は、店舗で売るよりもかかる費用が少ない。

2. Employees (------- computers will be upgraded over the weekend) should back up any important data.

直後が名詞　空所前後で「の」つながりなら whose（所有格）
❷前に名詞＝先行詞アリ

(A) whose
所有格の関係代名詞
空所前後で「の」つながり

(B) who
関係代名詞　先行詞は人

(C) that
関係代名詞　先行詞は人・もの

(D) what
関係代名詞　先行詞はナシ

❶関係代名詞が並んでいる

❶関係詞の問題。❷空所前 employees は (動詞・名詞)。先行詞が (ある・ない) ので (that・what) は不適切。❸空所直後は名詞 computers。空所に「の」を入れた「従業員『の』コンピューター」は意味が (つながる・おかしい) ので、(目的格・所有格) の関係代名詞 ((A)・(B)・(C)・(D)) が正解。

STEP UP whose の直後に冠詞 (a/the)、代名詞 (we/our など) は NG。

訳 週末にかけてアップグレードされる従業員のコンピューターは、どの重要なデータもバックアップすべきだ。

3. Mr. Klimt submitted a report explaining (------- he did during his business trip).

先行詞ナシなら what
❷直前 explaining は前の report に対する修飾語　先行詞ではない

(A) that
関係代名詞　先行詞はもの

(B) what
関係代名詞　先行詞はナシ

(C) which
関係代名詞　先行詞はもの

(D) where
関係副詞　後ろの節が完成

❶関係代名詞や関係副詞が並んでいる

❶関係詞を選ぶ問題。❷空所前の explaining「〜を説明している」は report を後ろから修飾する (現在分詞・過去分詞)。これは名詞 (だ・ではない)。❸空所直前に先行詞となる名詞が (ある・ない) ので、「〜すること」を表す関係代名詞 ((A)・(B)・(C)・(D)) が適切。

訳 Klimt さんは、彼の出張の間にしたことを説明する報告書を提出した。

4. Rental cars should be returned to the branch (------- they were rented).

後ろは完全な節　関係副詞だ
❷前に名詞＝先行詞アリ　what は NG

(A) who
関係代名詞　先行詞は人

(B) what
関係代名詞　先行詞ナシ

(C) that
関係代名詞　先行詞は人・もの

(D) where
関係副詞　後ろの節が完成

❶関係代名詞や関係副詞が並んでいる

❶関係詞を選ぶ問題。❷空所前は (動詞・名詞) branch。先行詞が (ある・ない) ので (that・what) は不適切。❸空所後の受動態 they were rented は主語と動詞がそろって (いる・いない) ので、節が完成して (いる・いない) と分かる。(関係代名詞・関係副詞) ((A)・(B)・(C)・(D)) が正解。

訳 レンタカーは、レンタルされた支店に返却されるべきだ。

Questions 1-4 refer to the following **article**.
記事

❶**(May 10)**—❷**Residents of Eagle Street and Douglass Avenue** have
5月10日

received letters from the Colbert City Council advising them that it will no

longer ❸**be** ------- **for** residents to park cars on the street in front of their
　　　　　　　1.　　be動詞　後ろに来るのは形容詞　形容詞は-able

homes. This decision was made after the council ❹**received** a large number
　　　　　　　　　　　　　　　　　　　　　　本動詞

of complaints from ❺**motorists** ------- **that** the number of parked cars
　　　　　　　　　　　　　　2.
　　　　　claimを修飾する形claimingに「(that ~ と主張して
　　　　　いる)ドライバー」

was causing problems. According to the city council letter, ❻**the rule goes**
　　　　　　　　　　　　　　　　　　　　規則は来月(6月)から実施(未来)

into effect next month. -------.
　　　　　　　　　　　　3.

Many residents have already complained that this change was

unanticipated. They point out that ❼**they** ------- to pay to keep their cars
　　　　　　　　　　　　彼らは　　　4.　　　支払う　車を保っておくのに

at a local parking garage.
　　地域の駐車場に　駐車場は路駐禁止の来月から必要=未来

問題1-4は次の記事に関するものです。

(5月10日) ――Eagle StreetとDouglass Avenueの住人は、家の前の道路に駐車することはもう認められない
と通知するColbert市議会からの手紙を受け取った。市議会は、駐車されている車の数が問題を引き起こしていると
主張するドライバーからたくさんの苦情を受け、その後にこの決定がなされた。市議会の手紙によると、その規則は
来月から実施される。*新しい看板は6月1日に設置される予定だ。
多くの住人が、この変更は予期せぬものだったとすでに不満を言っている。彼らは、車を地域の駐車場に保っておくた
めには支払いを強いられるだろうと指摘している。

1. (A) allowing
現在分詞 許容している

(B) allowance
名 許容（量）

(C) allow
動 〜を許す

(D) allowable
形 許容される

品詞を選ぶ問題は（文脈依存型・独立型）の問題なので、（優先的に解こう・後回しにしてもよい）。❸ 空所前にbe動詞、空所後は前置詞forの前で意味の区切りができる。be動詞の後ろに必要なのは性質を表す（名詞・形容詞）だ。（名詞・形容詞）の語尾（-ance・-able）が付いている（(A)・(B)・(C)・(D)）が正解。

2. (A) claiming
現在分詞

(B) to be claimed
受動態 to不定詞

(C) is claiming
現在進行形

(D) claimed
過去形、過去分詞

動詞claimの形を選ぶ問題。❺ 空所後には動詞claimの目的語となるthat節があるので（能動態・受動態）ではない。❹ after以降には本動詞receivedがすでにある。英語のルール「1つの節に1つの本動詞」に従って、claimは本動詞以外の形を選ぼう。❺ 後ろから前のmotoristsを修飾できる（現在分詞・過去分詞）の語尾（-ing・-ed）が付いた（(A)・(B)・(C)・(D)）が正解。

3. (A) The council turned down the application.
市議会は応募を却下した。
（❻ 未来の駐車禁止規則の実施を述べているので、話題・時間ともにNG）

(B) The area is entirely industrial.
その地域は完全に工業用だ。
（話題が合わないからNG）

(C) New signs will be installed on June 1.
新しい看板は6月1日に設置される予定だ。
（駐車禁止の看板と推測される）

(D) This affects every street in Colbert City.
これはColbert市の全ての通りに影響する。
（❷ 対象はEagle 通りとDouglass 通りのみなのでNG）

文選択問題は、（文脈依存型・独立型）の問題なので、（優先的に解こう・後回しにしてもよい）。❻ 前文で話題になっているのは、路上駐車禁止規則の（却下・地域・実施時期・適用範囲）。❶ 記事の日付は（5月・6月）で、❻ 規則の発効は（5月・6月）から、つまり（現在・過去・未来）だ。話題と時間が合致する（(A)・(B)・(C)・(D)）が正解。

4. (A) had been forced
受動態 過去完了形

(B) will be forced
受動態 未来形

(C) were being forced
受動態 過去進行形

(D) were forced
受動態 過去形

❸ 支払いは未来
過去形はNG

動詞の形を選ぶ問題。❼ 空所後の内容「地域の駐車場に車を入れておくのにお金を支払う」のはいつなのかを確認しよう。❻ 駐車場が必要になるのは路上駐車が禁止される（5月・6月）から。（過去・未来）を表す（(A)・(B)・(C)・(D)）が正解。

❶広告

The Annual Garret Trade Fair
❷年に1回の Garret 展示会 (=広告のタイトル)

The Annual Garret Trade Fair will be held at Brighton Convention Center

❸from August 17 to August 20. ❹It is an excellent opportunity
イベント初日　　　　　　　　　　　　　素晴らしい　　　機会

for manufacturers in a wide variety of industries to demonstrate their
製造業者（メーカー）にとって　　　　　　　　　　　　実演する

products to potential customers. Last year, the conference attracted as
商品を　　　見込み客に向けて

many as 20,000 visitors, which is an increase of some 12 percent over the

previous year.

We have booths of various sizes still available. ❺There is a 10 percent
設問キーワード 10%の

discount for businesses that reserve their booths before March 15. If you
割引　　　　　　　　　　　　　3月15日より前の予約で

are interested, please call our reservations line at 555-7382 and speak to

one of our friendly consultants.

As an added attraction, ❻the Brighton Chamber of Commerce is throwing
開催する

a welcome party for participants on the first night of the fair. It includes
歓迎会　　　　　　　　イベント初日の夜=❸8月17日

free refreshments and entertainment from local providers.

問題5-7は次の広告に関するものです。

Garret 年次展示会
年に一度のGarret展示会は、8月17日から8月20日までBrighton Convention Centerにて開催されます。幅広い業種の製造業者にとって、見込み客に製品を実演する素晴らしい機会となります。昨年、会議が魅了した訪問客は約2万人にものぼり、前年比約12％の増加です。
さまざまな大きさのブースが、まだご利用頂けます。3月15日より前にブースをご予約された企業様には10％の割引がございます。ご興味がおありでしたら、555-7382のご予約専用ダイヤルにて、親切な相談員とお話しください。
追加の呼び物として、会議初日の夜にBrighton商工会議所が参加者のための歓迎パーティーを開催いたします。それには、地域から提供される無料の軽食や催し物も含まれております。

全文訳

5. What is the purpose of the advertisement?
広告の目的は何ですか。

(A) To explain the attractions
of a holiday destination
休日の目的地となる呼び物を説明するため
(休日の目的地は登場しないからNG)

(B) To attract exhibitors to
a promotional event
宣伝のイベントに出展者をひきつけるため

(C) To promote a new product
新製品を宣伝するため
(展示会への出展を促す宣伝。
商品広告ではないのでNG)

(D) To publicize an employment
opportunity
雇用機会を公表するため
(雇用機会については述べられていないのでNG)

クイズ

Part 7では、❶followingの後ろの文書の職種と❷タイトルを必ず確認しよう。タイトルのtrade fair（展示会・就職説明会）がヒント。ビジネス文書の目的は（冒頭・最後）に書いてある。❹2文目から、このイベントは製造業者が（呼び物を説明する・商品を見せる・雇用を促す）機会を提供すると分かるので、((A)・(B)・(C)・(D))が正解。

6. How can businesses get a discount?
どうやって企業は割引してもらえますか？

(A) By making a reservation
by a certain date
特定の期日までに予約することによって

(B) By using a special coupon
特別クーポンを使うことによって
(クーポンについては述べられていないのでNG)

(C) By mentioning the advertisement
広告に言及することによって
(広告への言及はないのでNG)

(D) By joining the Brighton
Chamber of Commerce
Brighton商工会議所のメンバーになることによって
(商工会議所は登場するが、joinの「～のメンバーになる」ことは述べられていないのでNG)

クイズ

設問中のキーワード（businesses・discount）を探そう。❺第2段落で（割引期日・クーポン・入会方法）について説明しているので、正解は((A)・(B)・(C)・(D))だ。文書内にある設問キーワードの近辺から答えを探そう。

7. What will be held on August 17?
8月17日に何が開催されますか？

(A) A business seminar
ビジネスセミナー

(B) A sporting event
スポーツイベント

(C) A welcome party
歓迎パーティー

(D) A factory tour
工場見学ツアー

クイズ

設問中のキーワードはAugust 17だ。❸第(1・3)段落から、この日はイベントの初日だと分かる。❻また、第(1・3)段落に、最初の夜に商工会議所が開催するイベントについて書いてある。2つの情報を組み合わせれば、正解は((A)・(B)・(C)・(D))だと分かる。

STEP UP「（イベント）を開催する」はhold/throw ~、「（イベントが）開催される」はtake place/be heldと表すので覚えておこう。

145

❸名詞の前なら所有格「〜の」

1. Ms. Carter meets with most of (------- clients) once a month.
❷前置詞　目的語＝名詞のかたまりを作るには？

(A) hers
所有代名詞　彼女のもの

(B) her
所有格代名詞　彼女の
目的格代名詞　彼女を

(C) she
主格代名詞　彼女は

(D) herself
再帰代名詞　彼女自身を、彼女自身で

❶格違いの
代名詞が
いろいろ

クイズ

❶選択肢には（人が異なる・人が同じで格違いの）代名詞が並んでいる。空所前後を確認しよう。❷空所前に前置詞of、空所後に名詞clientsがある。前置詞ofの後ろに（主語・目的語）となる名詞のまとまりを作ろう。❸名詞clientsに（所有格・主格）の代名詞（(A)・(B)・(C)・(D)）を付ければよい。

訳　Carterさんは、彼女の顧客のほとんどに1カ月に1回は会う。

2. When taking business trips, employees of Carter Software
make all travel arrangements -------.
❷直前が名詞　　❸再帰代名詞 -self/-selves を加えて強調

(A) they
主格代名詞　彼らは

(B) their
所有格代名詞　彼らの

(C) them
目的格代名詞　彼らを

(D) themselves
再帰代名詞　彼ら自身を、彼ら自身で

❶格違いの
代名詞が
いろいろ

クイズ

❶選択肢には（人が異なる・人が同じで格違いの）代名詞が並んでいる。空所前を確認しよう。❷空所前の単語は（複数の・三人称単数の）-sが付いた（名詞・動詞）だ。❸その場合は、（目的格代名詞・再帰代名詞）を選べば、（彼ら自身を・彼ら自身で）と強調する意味が加わる。正解は（(A)・(B)・(C)・(D)）だ。

STEP UP 直前が名詞の場合、文末の空所には再帰代名詞を入れるパターンが多い。

訳　Carter Software社の従業員は出張時に、全ての旅行手配を自分自身で行う。

Questions 3-6 refer to the following information.

Dear Guests,

主語 動詞を入れれば regret「(that)~を残念に思う」が完成

❶ Management ------- (❷ that Carlotto's Italian Restaurant is currently
　　　　　　　　　3.　　　　　　　　　　　　　★レストランは　　現在

closed for renovations.) Please consider one of Hamilton Inn's other
閉店　　改装のため
　　　　　　　　　　　　　　　名詞の先頭に立てるのは゜s/a(n)/the どれか1つ

award-winning restaurants, including Captain's Cove and Mikado.
　　　　　　　　　　複数の -S は名詞のかたまりの最後にある目印

Otherwise, ❸ Brasco's Bistro right next door has an excellent reputation
　　　　　　　　Brasco's Bistro　　ちょうど隣の

for quality pizza and pasta. -------.
　　　　　　　　　　　　　　4.

❹The work on Carlotto's Italian Restaurant ------- ❺until mid-June. It
★閉店中のレストランの改装工事 (❷)　　**5.**　　　　終了する6月中旬は未来

❻will reopen with exciting new décor and an expanded menu. Please be
次文にも未来の will

sure to check ------- out when you next stay at the Hamilton Inn.
　　　　　　　6.

Sincerely,　　　　~に注目する

Management

問題3-6は次の案内に関するものです。

お客様各位

現在、Carlotto's Italian Restaurantは改装のため閉店しており、経営陣は残念に思っています。Captain's CoveやMikadoも含め、Hamilton Innの他の受賞歴のあるレストランの1つをご検討ください。

その他、ちょうど隣のBrasco's Bistroは質の良いピザやパスタで素晴らしい評判を得ています。お電話555-3849にてご予約ができます。

Carlotto's Italian Restaurantの工事は、6月中旬までかかる予定です。ワクワクするような新しい装飾品とより豊富なメニューで再開致します。次回Hamilton Innにご宿泊の際には、ぜひお試しください。

敬具
経営者一同

3. (A) regretful
形 後悔している

(B) regrettable
形 残念な

(C) regretfully
副 残念ながら

(D) regrets
動 〜を残念に思う

語尾が異なる
品詞がいろいろ

クイズ

（品詞・動詞の形）問題。他の文を参照（する文脈依存型・しない独立型）なので、（優先的に解こう・後回しにしてもよい）。❶ 空所前に主語 management、❷ 空所後は「現在は改装のため閉店している」というthat節だ。that節が（主語・目的語）になる（形容詞・動詞）（(A)・(B)・(C)・(D)）が正解。

4. (A) Please pass your invitation to one of the people at reception.
受付の人の1人に招待状を手渡してください。
（招待の話題ではないのでNG）

(B) The staff at Carlotto's is ready to welcome you back.
Carlotto'sのスタッフはあなたのお戻りを歓迎する用意ができています。
（❷ Carlotto'sは改装中なのでNG）

(C) You can make a reservation by calling 555-3849.
お電話555-3849にてご予約ができます。
（Brasco's Bistro の予約方法なのでOK）

(D) It takes only 10 minutes by train.
電車でほんの10分です。
（❸ 隣接しているので電車を使うのはNG）

クイズ

文選択問題。他の文を参照（する文脈依存型・しない独立型）なので、（優先的に解こう・後回しにしてもよい）。❸ 前文の話題は（Carlotto's Italian Restaurant・Brasco's Bistro）についてで、（電車で行ける場所・隣）にある。イベントへの招待については言及して（いる・いない）。したがって、文脈に合う（(A)・(B)・(C)・(D)）が正解。

5. (A) took
過去形

(B) will take
未来形

(C) has taken
現在完了形

(D) takes
現在形（三人称単数）

動詞の形が
いろいろ

クイズ

動詞の形を選ぶ問題。文脈依存型だが、前後の文の時制を確認して挑戦しよう。❷❹ Carlotto's Italian Restaurantは現在（開店・改装）中なので、❺ 工事終了の6月中旬は（現在・過去・未来）だ。（(A)・(B)・(C)・(D)）を選べば話題にも、❻（前の文・次の文）の時制とも合致する。

6. (A) theirs
所有代名詞 彼らのもの

(B) them
目的格代名詞 彼らを

(C) it
目的格代名詞 それを

(D) him
目的格代名詞 彼を

指す人やものが異なる
代名詞が並んでいる

クイズ

（格・指すもの）が異なる代名詞の問題。空所前後のcheck 〜 outは「〜に注目する」という意味。何に注目するのか。空所（前・後）の文脈を確認しよう。話題になっているのは、❹❻ 改装後に再開する（ホテルの客室・レストラン）だ。これを代名詞で表すには（単数・複数）の（(A)・(B)・(C)・(D)）が適切。

1. *追加費用をかけたのに売り上げ減少* ← **④**逆接の前置詞despiteだ

Ice-cream sales have fallen ------- the additional money (we have spent
③売り上げ減少 　　　　**②**名詞句＋関係節（thatが省略されている）

on advertising).

(A) while
　接 〜する間に

(B) because of
　前 〜なので

(C) although
　接 〜にも関わらず

(D) despite
　前 〜にも関わらず

①接続表現・前置詞
が並んでいる

> 訳 宣伝活動に費やした追加の費用にもかかわらず、
> アイスクリームの売り上げは落ちた。

クイズ

① 適切な接続詞または前置詞を選ぶ問題。**②** 空所後が (節・句) であることを確認し、(意味・時制) をつかんでいこう。**③** 前半では売り上げが (増加・減少) した、空所後は「宣伝活動の追加費用」とあるので、前後は (理由・逆接・条件) でつながっている。**④** (節・句) を続ける (接続詞・前置詞) で、かつ (理由・逆接・条件) を表す ((A)・(B)・(C)・(D)) が正解。

---

2. **③**接続詞＋後ろの節で意味のかたまりを作る

Mr. Vincent will take a vacation (------- he is needed at the merger
②Vincentさんが　休暇を取る予定　　彼は　必要とされる　　合併

negotiations).
交渉で

(A) if
　接 もし〜ならば

(B) once
　接 いったん〜すると

(C) when
　接 〜するときに

(D) unless
　接 〜しない限り

①選択肢には接続詞のみ
形の確認は不要
意味を見ていく

> 訳 Vincentさんは合併交渉に必要とされない限り、
> 休暇を取る予定だ。

クイズ

① 選択肢には接続詞だけが並んでいるので、空所前後の (形の確認・意味の確認) をしていこう。**②** 前半では「Vincentさんが休暇に行く予定」、空所後は「彼は合併交渉で必要とされる」と述べられている。**③** 接続詞は (前・後ろ) の節と意味のかたまりを作る。常識的に、合併交渉で必要 (とされる・とされない) 場合に休暇を取るはずだ。(肯定・否定) の意味を含む (理由・条件) を表す ((A)・(B)・(C)・(D)) を選べば前後が自然につながる。

149

Questions 3-6 refer to the following **article**.
記事

(19 August)—❶(**The State Culinary Awards (SCA) ceremony**) -------
主語＝単数　　　　　　目的語ナシだから過去の受動態　　　　3.

❷**last night** at the Aston Convention Center. Representatives from 50 of
昨夜＝過去（目的語ではない）

Queensland's top restaurants attended. Winners are determined by the number of

votes they get from satisfied patrons. ❸The top honor went to **Thai Orchid — a**
受賞したレストラン＝

popular Townville restaurant. (❹------- **manager**), ❺Anada Saetang was
代名詞は「それ」（レストランを指して）　4.「その支配人」

unable to be there to accept the award, ------- ❻**he did give a brief speech via**
いられなかった そこに　受賞するため　5.「けれど」した　　短いスピーチ

online video. He thanked the restaurant's staff and the patrons who voted for
オンライン動画を用いて

Thai Orchid. -------.
　　　　　　6.

問題3-6は次の記事に関するものです。

(8月19日)——昨夜、Aston会議場にて州料理賞 (SCA) の授賞式が開催された。Queenslandのトップ50のレストランから代表者が出席した。受賞者は、満足した常連客から得た投票数によって決定される。最高の栄誉は、Townvilleの人気レストラン、Thai Orchidが受賞した。その支配人、Anada Saetangさんは受賞するためそこにいることができなかったが、オンライン動画を用いて短いスピーチを行った。彼はレストランのスタッフと、Thai Orchidに投票した常連客に感謝した。*他部門の受賞者たちはSCAのウェブサイト上に掲載される。

3. (A) will hold
　　　未来形
　　(B) holds
　　　現在形（三人称単数）　　　　動詞の形が
　　(C) has held　　　　　　　　いろいろ
　　　現在完了形
　　(D) was held
　　　受動態　過去形

クイズ

適切な動詞の形を選ぶ問題。主語の数・時間・目的語の有無を確認しよう。❶主語の授賞式は（単数・複数）。❷空所後にあるlast nightは（現在・過去・未来）。目的語は（ある・ない）。（能動態・受動態）の（現在・過去・未来）の形、((A)・(B)・(C)・(D)) が正解。

4.
(A) Its
　その
(B) Your
　あなたの
(C) His
　彼の
(D) My
　私の

指す人・ものが異なる 所有格代名詞

クイズ

所有格代名詞が選択肢に並んでいる。指す人やものが（同じ・異なる）場合は（独立型・文脈依存型）なので、前文とのつながりを確認しよう。❸ 空所の前文には（受賞した人・受賞したレストラン）が書いてある。((A)・(B)・(C)・(D)) を選べば、❹ 空所と manager で「（その・あなたの・彼の・私の）支配人」となり、前文と自然につながる。

5.
(A) if
　接 もし〜ならば
(B) and
　接 そして
(C) but
　接 しかし
(D) then
　接 その後

クイズ

適切な接続詞を選ぶ問題。❻ 空所後は（句・節）になっている。次に、空所の前と後ろの（意味・時制）を確認する。❺ 前半は「受賞の場に（いた・いなかった）」、❻ 後半では「スピーチを（授賞式・オンライン）で行った」とある。前後が（条件・逆接）でつながっている。（条件・逆接）を表す ((A)・(B)・(C)・(D)) であれば、後ろに（句・節）をつなげることもできる。

6.
(A) According to organizers, it promises to be a very exciting event.
主催者によると、それがとても興奮するイベントになるのは確かだ。
（❶❷ これからの開催ではなく過去の授賞式。時間が合わないのでNG）

(B) Winners in other categories are displayed on the SCA Web site.
他部門の受賞者たちはSCAのウェブサイト上に掲載される。
（消去法でこれが残る）

(C) Mr. Saetang and his employees celebrated with many of the other winners.
Saetangさんと彼の従業員は他の多くの受賞者たちとお祝いした。
（❺❻ Saetangさんは授賞式の場にいなかったのでNG）

(D) First prize was given to a family-owned restaurant in South Brisbane.
1位はSouth Brisbaneにある家族経営のレストランに贈られた。
（❸ South Brisbaneとも家族経営とも述べられていないのでNG）

クイズ

文選択問題。他の文を参照（する文脈依存型・しない独立型）なので、難易度が（低い・高い）。文脈に合致するかどうか、ひとつずつ確認しよう。❶❷ 授賞式は（これから開催する・すでに開催された）ので、(A)は矛盾（する・しない）。(B)のウェブサイト掲載は矛盾（する・しない）。❺❻ Saetangさんは授賞式にいなかったので、(C)は矛盾（する・しない）。❸ 受賞したThai OrchidはSouth Brisbaneにあると述べられて（いる・いない）ので、(D)は矛盾（する・しない）。正解になりえるのは ((A)・(B)・(C)・(D))。時間はかかるが、ひとつずつ確認する消去法も有効だ。

1. Ms. Cho will finish ------- job candidates on Friday this week.

❸目的語 job candidates を続けられるのは能動態（受動態は NG）

❷finish の後ろは -ing

(A) to be interviewed
受動態　to不定詞

(B) have interviewed ←── ❶本動詞の形は
現在完了形　　　　　　　　動詞の後ろに
　　　　　　　　　　　　続けられない

(C) interview
原形、現在形

(D) interviewing
動名詞

クイズ

❶ 本動詞の finish に続ける適切な形を選ぶ問題。❷finish は後ろに（動名詞・to不定詞）を続けて「〜をし終える」の意味を表す。よって、正解は（(A)・(B)・(C)・(D)）。❸ 空所後には目的語が（ある・ない）。（能動態・受動態）は誤りになる点も確認しよう。

> **訳**　Cho さんは今週の金曜日に、仕事の候補者に面接をし終えるだろう。

2. Conference attendees are looking forward to ------- Ms. Cleaver's speech.

❸-ing を付ければ動名詞

❷look forward to には名詞が続く　動詞の形のままでは NG

(A) hear
原形、現在形

(B) hearing
動名詞

(C) have hearing
have ＋動名詞

(D) be heard
受動態

❶動詞の形が
いろいろ

クイズ

❶ 適切な動詞の形を選ぶ問題。❷ 直前 look forward to 〜「〜を楽しみにする」がヒント。この to は（to不定詞を作る・前置詞な）ので、後ろには（名詞・動詞の原形）を続ける。❸ したがって、hear に（-ing を付けた・何も付けない）（(A)・(B)・(C)・(D)）が正解。

STEP UP to の後ろに名詞を続けるイディオムを合わせて覚えよう：prior to 〜「〜の前に」 be used to 〜「〜に慣れている」 be subject to 〜「〜の対象となる」 object to 〜「〜に反対する」

> **訳**　会議の出席者は Cleaver さんのスピーチを聴くのを楽しみにしている。

Questions 3-5 refer to the following advertisement.
① 広告

② **Are you looking to expand your customer base?**
顧客基盤の拡大（＝広告タイトル）

Every small business needs to move with the times. In the past, that

meant developing a Web site and advertising online. Nowadays, social

networking is the most effective way to reach new customers. The

experts at ③ **Cranston Business Services** will create a tailored
　　　　　　設問キーワード発見（ここから丁寧に読む）　作る　ぴったりの

social media strategy **to promote your business**.
　SNS戦略　　　　宣伝するため　あなたの会社（＝publicity）

On June 23, we will be holding ④ **an information session at the**
　　　　　　　　　　　　　　　　　説明会（＝event）

Hannigan Hotel in Stanthorpe. Representatives of businesses interested

in ⑤ **learning more** about our service ⑥ **can attend** free of charge.
　　設問キーワード　　　　　　　何に参加？　さかのぼって確認

However, it is necessary to ⑦ **register** in advance, which you
　　　　　　　　　　　　設問キーワード register（ここから丁寧に読む）

can do through our Web site at www.cranstonbusinessservices.com.
do (register) できる　ウェブサイトで

⑧ Organizers have had to deny entry to visitors at previous events when
　　主催者　　断らなくてはならなかった　来訪者の参加を　　以前の　イベントで

the venues reached their maximum capacity.
　　会場が達した時　　　　　最大人数に＝定員超過ならば参加できない＝
　　　　　　　　　　　　　　事前登録は席を確保するため（言い換え注意）

Cranston Business Services

問題3-5は次の広告に関するものです。

顧客基盤の拡大を目指していますか？
全ての中小企業は時代とともに進む必要があります。昔は、ウェブサイトを開発し、オンラインで宣伝することを指していました。最近は、ソーシャルメディアが新しい顧客に届く最も効果的な方法です。Cranston Business Services社の専門家は、あなたの会社を宣伝するのにぴったりのソーシャルメディア戦略を作ります。

6月23日に、私たちはStanthorpeにあるHannigan Hotelにて情報セッションを開催致します。私たちのサービスについてもっと知りたい興味のある企業の代表者であれば、無料で参加できます。しかしながら、事前に登録する必要があります。事前登録はウェブサイトwww.cranstonbusinessservices.com.にて承っております。以前のイベントで会場が最大収容人数に達したときに、主催者は来訪者様のご参加をお断りしなくてはならなかったのです。
Cranston Business Services社

153

3. What kind of service does Cranston Business Services provide?

Cranston Business Services社はどんなサービスを提供していますか？

(A) Accounting
会計

(B) Publicity
宣伝

(C) Security
セキュリティ

(D) Transportation
輸送

クイズ

❶指示文と❷タイトルから顧客基盤の拡大に関する広告だと分かる。設問のキーワードCranston Business Servicesのサービスについて探してみよう。❸（第1段落・第2段落）にある設問キーワード以降から、（情報保守・企業宣伝）の目的でSNSの（セキュリティ・戦略）を作ると分かる。これを言い換えた（(A)・(B)・(C)・(D)）が正解。

4. How can people learn more about the service?

人々はどのようにしてサービスについてさらに知ることができますか？

(A) By attending an event
イベントに参加することによって

(B) By calling the organizers
主催者に電話することによって
（電話について述べられていないのでNG）

(C) By using social media
ソーシャルメディアを使うことによって
（❸ソーシャルメディアの戦略は提供するサービス内容であり、サービスを知る手段ではないのでNG）

(D) By reading a newspaper article
新聞記事を読むことによって
（新聞記事について述べられていないのでNG）

クイズ

サービスをさらに知る手段を問う問題。❺設問キーワードlearn moreがある（第1段落・第2段落）に、さらに知りたければ❻（参加できる・読める・電話する）とある。何に（参加できる・書いてある・電話する）かをさかのぼって確認すれば、❹（主催者・ウェブサイト・説明会）だと分かる。これを言い換えた（(A)・(B)・(C)・(D)）が正解。

STEP UP 手段はby＋動名詞「～することによって」で表されることがある。

5. According to the advertisement, why should people register?

広告によると、なぜ人々は登録しなければならないのですか？

(A) To receive a newsletter
ニュースレターを受け取るため
（ニュースレターについて述べられていないのでNG）

(B) To get venue updates
会場の最新情報を得るため
（❹ホテル名が述べてあり、会場はすでに決まっているのでNG）

(C) To secure a seat
席を確保するため

(D) To become a member
会員になるため
（説明会の事前登録であり、会員登録ではないのでNG）

クイズ

登録する理由を問う問題。❼設問キーワードregisterのある（第1段落・第2段落）の最後に、❽会場が（最大人数に達した・遠かった）ために（会場変更した・参加を断った）経緯が述べられている。このような事態を避け、（(A)・(B)・(C)・(D)）の目的で事前登録が必要だと分かる。

STEP UP Why ~?の設問には、目的「～するため」を表すto不定詞の選択肢が並ぶことが多い。

1. ❸臨時の従業員だ ← to 不定詞が後から修飾

Spandau Insurance often hires ------- workers (to help during the busy season).
❷雇う ～な 従業員を 繁忙期を手伝う

(A) eventual
形 最終的な

(B) temporary
形 臨時の

(C) valuable
形 有益な

(D) spacious
形 広々とした

❶見た目がバラバラ
同じ品詞の語彙問題
意味で選ぼう

訳 Spandau Insurance社はしばしば繁忙期に
手伝うための臨時従業員を雇う。

クイズ

❶見た目が(バラバラ・共通)で(異なる・同じ)品詞が並んでいる語彙問題。空所近くの内容を確認し、(意味が通じる・文法的に正しい)単語を選ぼう。❷空所前後から、繁忙期を手伝うのにどんな(従業員・機械)を(使う・雇う)のかを考える。❸workersと組み合わせて意味が通じる形容詞((A)・(B)・(C)・(D))が正解。

2. ❸前半も確認 「入荷数に限りあり お1人様1つまで」の状況

As there is a limited supply, customers may ------- only one copy of
供給に限りがある 顧客は ～してもよい ❷1部だけ afford? purchase?

Maximum Investments.
斜字はタイトル

(A) admire
動 ～を称賛する

(B) afford
動 ～を買う余裕がある

(C) realize
動 ～に気づく

(D) purchase
動 ～を購入する

❶バラバラの単語は
語彙問題
意味で選ぼう

訳 供給数に限りがあるので、顧客は
Maximum Investments を一部だけ購入してもよい。

クイズ

❶バラバラの単語から自然に意味がつながる(動詞・副詞)を選ぶ語彙問題。❷斜字をヒントに「～というタイトルの作品1部だけ」につながる選択肢は(いくつかある・ひとつしかない)。❸確認する範囲を前半まで広げよう。(限られた・たくさんある)供給なのでという理由と自然につながる((A)・(B)・(C)・(D))が正解。

Questions 3-6 refer to the following ❶ advertisement.
広告

Why not stay at Porpoise Spit's most ❷ **luxurious hotel** on your next
滞在しませんか　　　　　　　　　豪華ホテルに＝ホテル宿泊の広告

vacation? -------. ❸ **In March and April**, you ❹ **can stay** at the Sandpiper
　　　　　　3.　　　　　3〜4月　　　　　本動詞

Hotel for ❺ **just $100 a night** ❻ **with dinner and breakfast** -------. The hotel
　　　　　ちょうど100ドル　一泊　　2食含まれる＝included　　　4.

is Porpoise Spit's only hotel ❼ with ------- **access to the beach**. ホテルは海の近く
　　　　　　　　　　　　　5.　名詞accessとつながる形容詞が入る

It is within walking distance of the main shopping district. There is also a

free hourly shuttle bus between the hotel and the major theme parks. ❽ **Call**
　　　　　　　　　　　　　　　　　　　　　　　　　　　　　電話

our friendly **reservations staff** at 555-8348 ❾ to ------- your stay.
　　　　予約スタッフに　　　　　　　〜するため　6.　　　滞在を

3. (A) Our rates are the same all year-round.
私どもの料金は一年中同じです。
(③④⑤⑥3月〜4月の特別料金と矛盾するのでNG)

(B) We offer simple accommodation for budget travelers.
私たちは低予算の旅行者にシンプルな宿泊施設を提供します。
(②luxuriousとsimpleが矛盾するのでNG)

(C) The hotel is situated deep in the Milburn Valley.
ホテルはMilburn Valleyの奥に位置しています。
(⑦所在地は海の近く。谷ではないからNG)

(D) It will cost you less than you think.
あなたが思うよりも費用は安いでしょう。

クイズ

文選択問題。他の文を参照（する文脈依存型・しない独立型）なので、（優先的に解こう・後回しにしてもよい）。文脈に合致するかどうか、ひとつずつ確認しよう。①広告は②ホテルの③④⑤⑥（3月〜4月の特別料金・年間通じての料金）を案内しているので(A)は（適切・不適切）。②（豪華な・質素な）ホテルなので、(B)は（適切・不適切）。⑦ホテル所在地は（谷・海）の近くなので(C)は（適切・不適切）。本文の記述と矛盾する選択肢を消去すると、残る ((A)・(B)・(C)・(D)) が正解。

4. (A) included
過去形、過去分詞

(B) including
現在分詞

(C) includes
現在形（三人称単数）

(D) to include
to不定詞

動詞の形がいろいろ

クイズ

動詞の-ingや-edが並ぶ問題では、まず本動詞の形か修飾の形かを確認しよう。④この文には本動詞が（ある・ない）ので、（本動詞・修飾）の形を選ぶ。⑥動詞include「〜を含む」と空所前dinner and breakfastは「夕食朝食が（含む・含まれる）」とつながるので、（能動態・受動態）の形 ((A)・(B)・(C)・(D)) が正解。

5. (A) direction
方向

(B) directly
直接に

(C) direct
直接の

(D) directive
指示の

異なる語尾
品詞問題

クイズ

選択肢に（同じ・異なる）品詞が並ぶ問題。⑦空所前のwithと空所後のaccessを見て、セットになるべき前置詞と名詞がそろって（いる・いない）と判断する。空所には（名詞・修飾する語）を選ぼう。選択肢にある（副詞・形容詞・名詞）のうち、自然に意味がつながる ((A)・(B)・(C)・(D)) が正解。

6. (A) cancel
動 〜をキャンセルする

(B) arrange
動 〜を手配する

(C) postpone
動 〜を延期する

(D) refund
動 〜を返金する

動詞が並ぶ
語彙問題
意味で選ぶ

クイズ

動詞が並んでいる語彙問題。空所近くの内容を確認しよう。⑨空所後your stay「あなたの滞在を」に意味がつながりそうな動詞は（いくつかある・ひとつしかない）。確認する範囲を空所前の文頭にまで広げると、⑧（予約スタッフに電話して・ウェブサイトを見て）と述べてある。①②宿泊を促す広告であることを考慮すれば、正解は ((A)・(B)・(C)・(D)) だと分かる。

Questions 7-9 refer to the following ❶article.
記事

The town of Cranston has always been known for the Annual Festival of Soup.

Two years ago, the festival was featured on the popular television show *Getaround*.

Since then, ❷ **more and more people have been visiting Cranston in early**
　　　　　　　　より多くの人々　　　　訪れるようになった
November to enjoy the festival. ❸In fact, the town is now **attracting so many**
　　　　楽しむため　フェスティバルを=フェスティバルの発展　魅了している（原因）たくさんの
visitors ❹**that it has approved the construction of** a 200-room, four-star **hotel.**
観光客を（結果）　　　　承認した　　　　建設を　　　　　　　　　ホテルの

Organizers say the Soup of the Year Competition has outgrown the Cranston

Town Hall and this year, it will be held at the Parnell Convention Center instead.

A production company called Stallard Film Television will be filming a

documentary based on the event. ❺ **It will follow the various restaurant owners**
ドキュメンタリーは　　追う　　さまざまな　レストラン店主を
as they develop new recipes and experiment with exciting new ingredients. ❻**Any**
=レストラン店主がドキュメンタリーの主役
restaurant owners interested in appearing in the documentary should call the
　　レストランの店主　興味がある　　登場すること=主役を演じること
producers at 555-3489.

問題7-9は次の記事に関するものです。

Cranstonの町は年に1回のスープフェスティバルで常に有名です。2年前に、フェスティバルが人気テレビ番組 *Getaround* で特集されました。それ以来、11月初旬にはフェスティバルを楽しむために年々多くの人々がCranston を訪れるようになってきています。実際に、町は今あまりにたくさんの観光客を魅了しているので、200室の四ツ星ホテルの建設を許可しました。

スープオブザイヤーコンテストはCranston Town Hallで開催できる規模より大きくなったので、今年は代わりに Parnell Convention Centerで開催されると主催者は述べています。Stallard Film Televisionと呼ばれる制作会社がイベントに基づいてドキュメンタリーを映画にします。それは新しいレシピを開発し、ワクワクするような新しい材料を試す際のさまざまなレストランオーナーを追うものとなります。ドキュメンタリーに登場することに興味のあるレストランオーナーならばどなたでもプロデューサーまで555-3489にお電話ください。

全文訳

7. What is the purpose of the article?
記事の目的は何ですか。

(A) To comment on the growth of a yearly event
年1回のイベントの発展にコメントするため

(B) To announce the rules of a competition
コンテストの規則を発表するため
（規則について述べられていないのでNG）

(C) To recommend that people attend a festival
人々にフェスティバルに参加するよう勧めるため
（フェスティバルへのお誘いではないのでNG）

(D) To notify people of an employment opportunity
人々に雇用機会を知らせるため
（雇用機会について述べられていないのでNG）

クイズ

❶記事の目的を問う問題。目的は（冒頭・最後）を確認しよう。（1つめ・2つめ）の段落の主なトピックは、フェスティバルに訪れる人の（増加・減少）だ。❷❸第3〜4文にて、観光客の（減少・増加）について述べられているので、（(A)・(B)・(C)・(D)）が正解。
STEP UP 名詞から別の名詞への言い換えのような単純なパターンだけではなく、more and more people have been visiting Cranston in early November to enjoy the festivalが名詞のかたまり growth of a yearly eventに言い換えられるようなパターンにも慣れていこう。

8. According to the article, what new business will be established in Cranston?
記事によると、どんな新しい事業がCranstonに設立されますか。

(A) A production company
制作会社

(B) A travel agency
旅行代理店

(C) A convention center
会議場

(D) An accommodation provider
宿泊施設の提供者

クイズ

設問中のキーワードはnew business。新規事業に関する情報を探そう。❸❹第1段落最後にあるso ~ that ~の構文では❸thatの前「たくさんの観光客をひきつけている」が（原因・条件）を、❹that以降「ホテルの建設を承認した」がその（目的・結果）を表している。したがって、新しく始まる事業は（(A)・(B)・(C)・(D)）だ。言い換えに注意。

9. The word "appearing" in paragraph 2, line 6, is closest in meaning to
第2段落・6行目にある"appearing"に最も意味が近いのは

(A) resembling
似ていること

(B) featuring
主役を演じること

(C) arriving
到着すること

(D) occurring
起きること

クイズ

同義語問題。❺（最初・問題の単語から1文さかのぼって It）から意味を確認し、置き換えて同じ意味になるものを選ぼう。ドキュメンタリーはレストラン店主（が撮影する・を追う）と述べている。つまり店主が（登場する・制作する）ドキュメンタリーなので、❻「ドキュメンタリーにappearingすることに興味があるレストランの店主は」のappearingに近い意味は（(A)・(B)・(C)・(D)）だ。

Questions 1-2 refer to the following ❶text-message chain.
チャット

Olly Wypych   2:50 P.M.

❷I'm at the supermarket. Do you want me to get anything for **tomorrow's**
　　　スーパーにいる　　　　買ってきてほしいものはある？　　　明日の
party?
パーティーに

Gretta Ng   2:51 P.M.

❸**What party?**

Olly Wypych   2:53 P.M.

❹**Mr. Holland's farewell party.** ❺**We're having a small party in the**
設問キーワード＝Hollandさんの送別会　私たち　ささやかなパーティーをする
office tomorrow afternoon.
オフィスで

Gretta Ng   2:54 P.M.

I forgot all about that. ❻**Can you wait a few minutes?** I'll put together a
　　　　　　　　　　　少し待ってもらえるかしら？（お願い）　買い物リストを

shopping list.
まとめるから

Olly Wypych   2:56 P.M.

❼I have to be in Bradford by 3:30.
　Bradfordに行かなきゃ　3時30分までに（＝約束がある）

Gretta Ng   2:59 P.M.

❽OK. **I'd better let you go.** ❾I'll go shopping with Helen later on. Thanks
　　行ってちょうだい。（＝待たなくていい）　買い物にはヘレンと行く
for reminding me, though.

Olly Wypych   3:02 P.M.

No problem. I'll see you back at the office this afternoon.

Gretta Ng   3:03 P.M.

OK.

全文訳

問題1-2は次のテキストメッセージのやりとりに関するものです。

Olly Wypych	[午後2時50分]	今、スーパーにいるんだけど。明日のパーティーのために何か買っておいてほしいものはある？
Gretta Ng	[午後2時51分]	何のパーティー？
Olly Wypych	[午後2時53分]	Hollandさんの送別会だよ。明日の午後、オフィスでささやかなパーティーをするんだ。
Gretta Ng	[午後2時54分]	すっかり忘れていたわ。少し待ってもらえるかしら。買い物リストをまとめるから。
Olly Wypych	[午後2時56分]	3時30分までにBradfordに行かないといけないんだ。
Gretta Ng	[午後2時59分]	分かったわ。行ってちょうだい。後でHelenと一緒に買い物に行くわね。でも、思い出させてくれてありがとう。
Olly Wypych	[午後3時2分]	どうってことないさ。今日の午後、オフィスでまた会おう。
Gretta Ng	[午後3時3分]	分かったわ。

1. What is implied about Mr. Holland?
Hollandさんについて何が示唆されていますか。

(A) He is a customer of Ms. Ng's.
彼はNgさんの顧客である。
（❹❺ Ngさんは同僚なのでNG）

(B) He will leave the company.
彼は会社を辞める予定だ。

(C) He will help Ms. Ng go shopping.
彼はNgさんが買い物に行くのを手伝う予定だ。
（❾ 一緒に買い物に行くのはHelenなのでNG）

(D) He works in Bradford.
彼はBradfordで働いている。
（❼ Bradfordに行くのはOllyなのでNG）

クイズ

❶ チャット問題では、設問に時間や人名が登場する。設問に動詞implied「(示唆される・言われている)」があるので、人物の情報を (推測する・探す) 問題だ。設問キーワードMr. Hollandが登場するのは❹午後2時53分だ。Mr. Holland's farewell party. から彼の (会議・送別会) があると分かる。したがって、((A)・(B)・(C)・(D)) が正解。

2. At 2:56 P.M., why does Mr. Wypych write "I have to be in Bradford by 3:30"?
午後2時56分、Wypychさんはなぜ "I have to be in Bradford by 3:30" と書いているのですか。

(A) He will go shopping when he gets to Bradford.
彼はBradfordに到着したときに買い物に行く予定だから。
（到着後の予定は述べられていないのでNG）

(B) He will not attend an office party.
彼はオフィスのパーティーに参加しない予定だから。
（❷❸❹❺ 彼は参加すると思われるのでNG）

(C) He cannot wait for Ms. Ng.
彼はNgさんを待てないから。

(D) He had forgotten about his appointment.
彼は約束を忘れていたから。
（❼ 約束について忘れていないのでNG）

クイズ

発言の意図が問われている。前後の文脈を確認しよう。❻午後2時54分にNgさんがWypychさんに (待つように・参加するように) お願いしている。しかし❼"I have to be in Bradford by 3:30."の後、❽「(行って・来ないで)」と答えていることから、WypychさんはNgさんを (誘わずに・待たずに) 30分後に迫った約束に向かうと分かる。正解は((A)・(B)・(C)・(D))。

Questions 3-6 refer to the following ❶**online chat discussion**.
チャット

Maxine Day [3:30 P.M.]

❷Does anyone remember where we **filmed** the Peterson Motorcycles **commercial**?
　　　　　　　覚えてる　どこで　　撮影した　　　　　　　　　　　　コマーシャル

Hank Gunnerson [3:31 P.M.]

❸**That was 10 years ago.** ❹I think we used one of the country roads in Maine, but
　　　　　10年前

❺**I can't be sure. It's been too long.**
　　分からない　　　だいぶ前（10年前）のことだから

Sandra Iverson [3:31 P.M.]

No, we did the Rad Cola commercial in Maine. I'm pretty sure the Peterson Motorcycles ad was filmed in Gladstone.

Maxine Day [3:33 P.M.]

That's right. Thanks, Sandra.

Hank Gunnerson [3:35 P.M.]

Why did you need to know?

Maxine Day [3:35 P.M.]

❻I'm looking for **a location for a new client's commercial**.
　　探している　　　ロケ地を　新規顧客のコマーシャルのため

Yoshitoshi Odanaka [3:37 P.M.]

If you're filming in Gladstone, I'd like to be involved. I hear it's a really beautiful location.
❼I wasn't at the company **when you were working** on the Peterson Motorcycles project.
　　私は　会社にいなかった　あなたたち（＝Dayさん含む）が　携わっていた時

Maxine Day [3:45 P.M.]

OK, Yoshitoshi. If you're not directing any other advertisements between June 5 and June 9, you can have this one. The ad is for some hiking boots. ❽**I also need someone to**
　　　　　　　　　　　　　　　　　　　　　　　　　　　　　　必要がある　誰か
make a script.
脚本を書いて＝指示

Hank Gunnerson [3:46 P.M.]

I'd like to try that. ❾**I have a few ideas** left over from the Cooler Camping Gear project.
　　　　　　　　　考えがある

Maxine Day [3:49 P.M.]

Great. ❿**Let's have a meeting** tomorrow morning to discuss **them**. Yoshitoshi, you
　　　会議をしましょう＝指示　　　　　　　　　　　　　❾Gunnersonさんの考え
should come, too.

162

問題3-6は次のオンラインチャットの話し合いに関するものです。

Maxine Day	[午後3時30分]：	誰かPeterson Motorcycles社のコマーシャルをどこで撮影したか覚えているかしら?
Hank Gunnerson	[午後3時31分]：	それは10年前だね。 Maine州にある田舎道のひとつを使ったと思うけど、分からないな。だいぶ前のことだから。
Sandra Iverson	[午後3時31分]：	違うわ、Maine州で撮影したのはRad Colaのコマーシャルよ。Peterson Motorcycles社の広告が撮影されたのはGladstoneで間違いないわ。
Maxine Day	[午後3時33分]：	そうね。ありがとう、Sandra。
Hank Gunnerson	[午後3時35分]：	なぜ知る必要があったんだい?
Maxine Day	[午後3時35分]：	新しい顧客のコマーシャルのために、ロケ地を探しているのよ。
Yoshitoshi Odanaka	[午後3時37分]：	もしGladstoneで撮影するなら、僕も参加したいな。とても美しい場所だって聞いているから。あなたたちがPeterson Motorcycles社のプロジェクトに携わっていたとき、僕はまだ会社にいなかったんだ。
Maxine Day	[午後3時45分]：	分かったわ、Yoshitoshi。もし6月5日から6月9日の間、他の広告を監督しないなら、参加していいわよ。ハイキング用シューズの広告なの。誰かに脚本を作ってもらう必要もあるわね。
Hank Gunnerson	[午後3時46分]：	僕、やってみたいな。Cooler Camping Gear社のプロジェクトで使わなかったアイデアがいくつかあるんだ。
Maxine Day	[午後3時49分]：	いいわね。 明日の朝、 その考えを話し合う会議をしましょう。Yoshitoshi、あなたも来てね。

3. Where do the writers most likely work?
チャットをしている人たちはどこで働いていると考えられますか。

(A) At a motorcycle manufacturer
オートバイのメーカー

(B) At a beverage company
飲料会社

(C) At an advertising agency
広告代理店

(D) At a cinema complex
映画館

クイズ

設問にmost likelyとあるので、答えは❶チャット(に書いてある・から推測する)。❷午後3時30分のfilmed「(撮影する・上映する)」、❻午後3時35分のコマーシャルロケ地(へ顧客を案内した・を探している)という発言から、((A)・(B)・(C)・(D))が正解。チャット内にある不正解の選択肢の単語や関連表現に引っかからないように気を付けよう。

4. At 3:31 P.M., what does Mr. Gunnerson mean when he writes, "That was 10 years ago"?

午後3時31分に、Gunnersonさんは"That was 10 years ago"という発言で、何を意味していますか。

(A) He has been at the company for a long time.
彼は長い間会社にいる。
（長年の勤務を伝えたいわけではないのでNG）

(B) The location must have changed a lot over time.
ロケ地は時間とともにすっかり変わったはずだ。
（ロケ地の変化について述べられていないのでNG）

(C) The schedule has been updated recently.
スケジュールは最近更新された。
（スケジュール変更は述べられていないのでNG）

(D) He is not confident about his answer.
彼は自分の答えに自信がない。

設問で示された時刻の発言だけでなく前後の文脈を確認しよう。❷午後3時30分にコマーシャル撮影場所を尋ねられ、Gunnersonさんは❸ "That was 10 years ago."と答えている。❹続けて場所を伝え「❺（分からない・もちろんそのとおり）。だいぶ前だ」と付け加えている。（昔のことで自信がない・長い経験がある）という意味なので、正解は（(A)・(B)・(C)・(D)）。

5. What is probably true about Ms. Day?

Dayさんについて正しいと思われるものはどれですか。

(A) She joined the company recently.
彼女は最近会社に入った。
（❼10年前の仕事をしていた「あなたたち」にDayさんが含まれるのでNG）

(B) She is a business manager.
彼女はビジネスマネジャーである。

(C) She is a customer of Peterson Motorcycles.
彼女はPeterson Motorcycles社の顧客である。
（❷Peterson Motorcycles社が顧客なのでNG）

(D) She transferred from a regional office.
彼女は地方のオフィスから転任してきた。
（転任について述べられていないのでNG）

登場人物に当てはまる記述を選ぶ問題。Dayさんの発言を追って確認しよう。❽午後3時45分の（記録しておく・脚本を書く）人が必要、❿午後3時49分の（会議をしましょう・会議の手配をしましょう）という発言から、この部署で（サポートをする・指示を与える）立場の人だと推測できる。したがって、正解は（(A)・(B)・(C)・(D)）。

6. What is Mr. Gunnerson asked to do?

Gunnersonさんは何をするよう求められていますか。

(A) Contact a client
顧客に連絡する

(B) Attend a meeting
会議に参加する

(C) Watch a video
動画を見る

(D) Hire a director
監督を雇う

Gunnersonさんが求められていることを他の人のセリフから確認しよう。Dayさんは❿午後3時49分にLet's have a meeting tomorrow morning to discuss them.と述べている。このthemは、（❻午後3時35分—ロケ地・❾午後3時46分—Gunnersonさんの考え）を指している。会議には（監督・発案者）のGunnersonさんの（動画・出席）も求められるはずなので、正解は（(A)・(B)・(C)・(D)）。

Questions 1-5 refer to the following **Web site, and e-mails**.
ウェブサイト、2通のEメールから出題

---

www.vandelayhardware.com/cs

Vandelay Hardware Store

Customer Service	Catalog	My Account

8:00 A.M. – 7:00 P.M. Monday – Saturday

❶ If you are unhappy with any of the products you purchase from Vandelay Hardware
不満なら　　　　　　　　　製品に
Store, **you can return them** for a full refund of the purchase price. ❷ Simply put the item
返品できる　　　満額の返金　　　購入金額の　　　　　箱に戻す
back in its box **along with any documentation and packaging**, and send it to your local
書類と　　梱包資材を一緒に
Vandelay Hardware Store customer support center. ❸ Please note that **Vandelay Hardware**
注意
Store will only pay for return shipping when the goods are shown to be faulty or shipped
払う　　返送料を　　　　商品が　　　　　　欠陥　　誤発送
in error. ❹ In such cases, you must contact a customer service representative in advance to
＝　その場合　　　　　　　連絡する　カスタマーサービス担当者に　前もって
get approval. ❺ If your return is approved and Vandelay Hardware Store agrees to pay
承認を得るため　　　　返品が　承認されたら　　　　　　　同意したら
the return shipping fees, you will be given a "Return Approval" code, which you must
返送料の支払いに　　　　　与えられる　　返品承認コード
write in bold letters on the front of the parcel. ❻ Visit the *My Account* section of the Web
site to start **an online chat with a customer service representative**. ❼ **We accept returns**
オンラインチャット　カスタマーサービスの担当者と　　受け付ける　返品
for 31 days from the date of purchase, and for 12 months if the return results from a
31日間　　　購入日から　　　　12カ月　　返品が
product malfunction.
製品の故障なら

Returns should be sent to the nearest Vandelay Hardware Store customer support center.
返品　　　送られる　　最寄りの　　　　　　カスタマーサポートセンターに
❽ As we have no customer support centers in Alaska or Hawaii, customers living in those
ない　カスタマーサポートセンター　AアラスカやBハワイに　客　　　　その地域
states should send their returns to Blueline Support Inc. and GHT Handling respectively.
返品　　ABlueline Support Inc.　BGHT Handling　それぞれ
Those two companies handle our returns in those regions. Their addresses as well as those
for all of the Vandelay Hardware Store shipping centers can be found below.

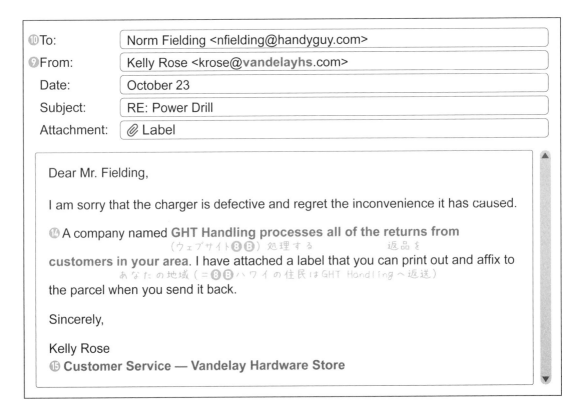

❾ To:	Kelly Rose <krose@**vandelayhs**.com>
❿ From:	Norm Fielding <nfielding@handyguy.com>
Date:	October 23
Subject:	Power Drill

Dear Ms. Rose,

⓫ I am sending you an e-mail **as directed during our online chat** this afternoon.
Eメールを書いている　指示されたように＝教えられたように　オンラインチャットで

I purchased a G-Way Power Drill from Vandelay Hardware Store. Unfortunately,

I cannot charge the battery. ⓬ It seems that **the battery charger is defective**.
充電器　欠陥のある

I would like to send it back and receive a refund. I plan to do so as soon as
返送したい　　返金を受け取りたい

possible, and ⓭ **I would like to know when the funds will be returned** to my
知りたい　　　　いつ　　　お金　返されるか＝refund

credit card.

Sincerely,

Norm Fielding

❿To:	Norm Fielding <nfielding@handyguy.com>
❾From:	Kelly Rose <krose@**vandelayhs**.com>
Date:	October 23
Subject:	RE: Power Drill
Attachment:	📎 Label

Dear Mr. Fielding,

I am sorry that the charger is defective and regret the inconvenience it has caused.

⓮ A company named **GHT Handling processes all of the returns from**
（ウェブサイト❽❺）処理する　　　　　返品を

customers in your area. I have attached a label that you can print out and affix to
あなたの地域（＝❽❺ハワイの住民はGHT Handlingへ返送）

the parcel when you send it back.

Sincerely,

Kelly Rose
⓯ **Customer Service — Vandelay Hardware Store**

166

問題1-5は次のウェブサイトと2通のEメールに関するものです。

www.vandelayhardware.com/cs

Vandelay Hardwareストア

カスタマーサービス	カタログ	マイアカウント

午前8時―午後7時　月曜日―土曜日

もしVandelay Hardwareストアにて購入された製品のいずれかにご不満がありましたら、返品して購入金額の満額を返金することができます。書類や梱包資材と一緒に商品を箱に戻し、あなたの地域のVandelay Hardwareストアカスタマーサポートセンターへお送りください。商品に欠陥があった、あるいは間違って発送されたことが分かった場合に限って、Vandelay Hardwareストアが返送料をお支払いする点にご注意ください。そのような場合には前もってカスタマーサービスの担当者にご連絡の上、承認を得る必要があります。もしあなたの返品が承認され、Vandelay Hardwareストアが返送料の支払いに同意した場合には、「返品承認」コードが与えられますが、それを小包の前面に太字でお書きください。カスタマーサービス担当者とオンラインでのチャットを始めるには、ウェブサイトのマイアカウントをご覧ください。購入日から31日間の返品を受け付けております。ただし、製品の故障が原因での返品であれば12カ月間受け付けております。

返品は、最寄りのVandelay Hardwareストアカスタマーサポートセンターへお送りください。アラスカとハワイにはカスタマーサポートセンターがございませんので、その地域にお住まいのお客さまはそれぞれBlueline Support社、GHT Handling社へ返品をお送り願います。これらの2社がその地域における私どもの返品を処理致します。全てのVandelay Hardwareストア配送センターだけでなくこれら2社の住所は下記をご覧ください。

受信者: Kelly Rose <krose@vandelayhs.com>
送信者: Norm Fielding <nfielding@handyguy.com>
日付: 10月23日
件名: 電動ドリル

Rose様

今日の午後、オンラインでのチャットにてご指示を頂いた通り、Eメールをお送りしております。Vandelay HardwareストアからG-Way電動ドリルを購入しました。残念ながら、バッテリーを充電できません。バッテリー充電器に欠陥があるようです。返送し、返金の受け取りを希望しております。できるだけ早くそうしたいと思っておりますが、お金が私のクレジットカード宛てに返金されるのはいつになるのか教えて頂きたいです。

敬具
Norm Fielding

受信者: Norm Fielding <nfielding@handyguy.com>
送信者: Kelly Rose <krose@vandelayhs.com>
日付: 10月23日
件名: RE: 電動ドリル
添付: 📎 ラベル

Fielding様

充電器の欠陥につきましては、申し訳ございません。ご不便をおかけしておりますこと、残念に思っております。GHT Handlingという名前の会社が、あなたの地域のお客さまからの返品を全て承っております。返送の際に、印刷して小包に貼って頂くラベルを添付致しました。

敬具

Kelly Rose
カスタマーサービス— Vandelay Hardwareストア

1. What is NOT mentioned about returning goods to Vandelay Hardware Store?
Vandelay Hardwareストアへ商品を返品することについて述べられていないことは何ですか。

(A) Any item can be returned within a month.
1カ月以内であればどの商品も返品できる。 = ① ⑦

(B) Customers must speak with a customer support representative.
顧客は、カスタマーサポートの担当者と話さなくてはならない。
（故障・誤配送の場合のみ 要連絡 ＝❸❹）

(C) Items should be sent with their original packaging.
商品は元の梱包資材と一緒に送らなくてはならない。 = ②

(D) It pays for return shipping when customers receive the wrong goods.
間違った商品を受け取った場合、返送料は支払われる。 = ③

設問にNOTがあるので、返品に関する(A) ～ (D)のうち本文に記述がない、あるいは本文と異なるものが正解となる。 ①どの商品も返品可、⑦ただし（1カ月・1年）以内と述べてあるので、(A)は本文と（一致・不一致）。❸❹担当者との連絡は、（必ず・欠陥品や誤配送の場合のみ）必要と述べられているので、(B)は本文と（一致・不一致）。❷元の梱包資材の同包は（必要・不要）なので、(C)は本文と（一致・不一致）。❸誤配送時の返送料は（会社負担・お客さま負担）なので、(D)は本文と（一致・不一致）。本文と異なる（(A)・(B)・(C)・(D)）が正解。

2. In the first e-mail, the word "directed" in paragraph 1, line 1, is closest in meaning to
Eメールの第1段落・1行目にある"directed"に最も意味が近いのは

(A) applied
適用される

(B) addressed
宛名が書かれていた

(C) advised
教えられた

(D) amended
修正された

クイズ

空所前後だけでは解けない同義語問題は、状況を整理して考えよう。「directされた」オンラインチャットは、⑥(ウェブサイト・2通めのEメール)に登場するカスタマーサービスとの連絡手段だ。⑪チャットで担当者から(適用された・宛名が書かれていた・教えられた・修正された)ように顧客がEメールを書いている、となれば自然につながる。よって正解は((A)・(B)・(C)・(D))。

STEP UP as directed「指示されたように」の他に、asと過去分詞を組み合わせたas mentioned「述べられたように」、as requested「希望されたとおり」も頻出表現。

3. What is probably true about Ms. Rose?
Roseさんについて正しいと思われるものはどれですか。

(A) She recently transferred from another department.
彼女は最近、別の部署から転任してきた。
(転任については述べられていないのでNG)

(B) She was responsible for delivering Mr. Fielding's order.
彼女はFieldingさんの注文を配達する担当だった。
(⑮カスタマーサービスの担当で、配達担当ではないのでNG)

(C) She will provide Mr. Fielding with a return approval code.
彼女はFieldingさんに返品が承認されたコードを与えるだろう。

(D) She will recommend a repair technician.
彼女は修理技師を勧めるだろう。
(修理をするとは述べられていないのでNG)

クイズ

設問にある人名がヒント。⑨2通のEメールアドレスと⑮2通めのEメール下部署名からRoseさんはVandelay Hardwareストアの(社員・顧客)だと分かる。Roseさん宛てのEメールで⑩Fieldingさんは⑫ドリルの充電器が(欠陥品だ・入っていなかった)と述べている。これは③ウェブサイトにある返送料を(会社・顧客)が負担するケースに該当し、⑤(修理業者の連絡先・返品承認コード)が与えられるので、((A)・(B)・(C)・(D))が正解。

4. Why does Mr. Fielding send the e-mail to Ms. Rose?

なぜFieldingさんはRoseさんにEメールを送るのですか。

(A) To confirm an address
住所を確認するため

(B) To request some repairs
修理を依頼するため

(C) To inquire about a refund
返金について問い合わせるため

(D) To order some hardware
ハードウェアを注文するため

クイズ

設問にある人名がヒント。⑨⑩Eメールの (ヘッダー・最後) を確認すれば、Fieldingさんが (送って・受け取って) Roseさんが (送った・受け取った)、(1つめ・2つめ) のEメールを読む問題だと分かる。Eメールの最後で、⑬I would like to know when the funds will be returned「(機械が修理される・お金が戻される・宛名が分かる) 時期を知りたい」と尋ねている。これは (修理・返金・住所) の問い合わせなので、((A)・(B)・(C)・(D)) が正解。

5. What is implied about Mr. Fielding?

Fieldingさんについて何が示唆されていますか。

(A) He is a resident of Alaska.
彼はアラスカの住人である。

(B) He wants to return his order from Hawaii.
彼は注文をハワイから返品したい。

(C) He is a regular customer of Vandelay Hardware Store.
彼はVandelay Hardwareストアの常連である。

(D) He is an employee of GHT Handling.
彼はGHT Handling社の従業員である。

クイズ

設問の動詞がimplied「(示唆される・書かれている)」なので、人物の情報を (推測する必要がある・探すだけでよい)。⑭ (1つめ・2つめ) のEメールにFieldingさんの返品は (Blueline Support Inc.社・GHT Handling社) が処理すると書いてある。また、⑧⑬ウェブサイトでこの会社が扱う地域は (アラスカ・ハワイ) だと述べられている。この情報を組み合わせれば、((A)・(B)・(C)・(D)) が正解だと分かる。

STEP UP A and B ~ C and D respectively という場合、AはCに、BはDにそれぞれ対応する。

Questions 6-10 refer to the following article, e-mail, and memo.

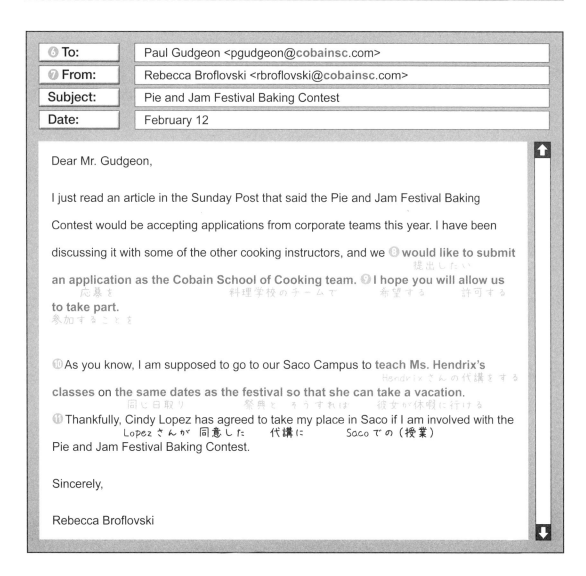

PORTLAND, Maine — ❶ The town of Portland will be hosting the 23rd **annual Pie and**
Portland の町で　開催　　　　　年1回のパイと
Jam Festival this year. ❷ The event takes place **from April 17 to April 19.** ❸ The
ジャムの祭典　　　　　　　　　　　　4月17日〜19日
baking contest and **cooking classes in the main tent** are always popular aspects of the
　　　　　　　　料理　教室　メインテントでの　　　　　いつも人気
festival. ❹ There is **no charge to** compete in the contest, **attend lessons, or watch**
　　　　　　　　　無料　　　　コンテスト参加　　　　レッスン参加
demonstrations. However, ❺ it is necessary to register. You can do so between January
実演の見学　　　　　　　　　　　　　　必要　　　　登録
10 and January 30. This year, organizers are also accepting applications from teams
　1月10日〜30日　　　　　　　　　　　　　　　　受け付ける　応募を
representing local businesses.
　地元の企業を代表するチームから

❻ To:	Paul Gudgeon <pgudgeon@**cobainsc**.com>
❼ From:	Rebecca Broflovski <rbroflovski@**cobainsc**.com>
Subject:	Pie and Jam Festival Baking Contest
Date:	February 12

Dear Mr. Gudgeon,

I just read an article in the Sunday Post that said the Pie and Jam Festival Baking

Contest would be accepting applications from corporate teams this year. I have been

discussing it with some of the other cooking instructors, and we ❽ **would like to submit**
　　　　　　　　　　　　　　　　　　　　　　　　　　　　　提出したい
an application as the Cobain School of Cooking team. ❾ **I hope you will allow us**
応募を　　　　　　　　　　料理学校のチームで　　　　希望する　　　許可する
to take part.
参加することを

❿ As you know, I am supposed to go to our Saco Campus to **teach Ms. Hendrix's**
　　　　　　　　　　　　　　　　　　　　　　　　　Hendrix さんの代講をする
classes on **the same dates as the festival so that she can take a vacation.**
　　　　　　　同じ日取り　　　　祭典と　そうすれば　　彼女が休暇に行ける
⓫ Thankfully, Cindy Lopez has agreed to take my place in Saco if I am involved with the
　　　　　　　Lopez さんが　同意した　　代講に　　　Saco での（授業）
Pie and Jam Festival Baking Contest.

Sincerely,

Rebecca Broflovski

MEMO

To: All Teaching Staff
From: Paul Gudgeon
Subject: Pie and Jam Festival Baking Contest
Date: February 13

Dear Teachers,

I regret that I did not inform you earlier, but ⑫ the organizers of this year's Pie and
主催者　　　　今年の　　パイと
Jam Festival Baking Contest have asked me to be one of the contest judges.
ジャムの祭典　　　　　　　依頼した　　　　　コンテストの審査員
⑬ Unfortunately, it is against the rules for a judge to be associated with any
反する　　規則に　　審査員が　　関係する
participants.
参加者と

⑭ Staff members of Cobain School of Cooking cannot participate as either a private
料理学校のスタッフ　　　　　　参加できない
citizen or a corporate team. ⑮ Instead, I would like you to contribute by teaching
代わりに　貢献してほしい　　　　　　　　料理教室で
some cooking classes, running some cooking demonstrations, and offering food
教えること　　　　　　　料理の実演を行うこと　　　　試食品を提供すること
samples to visitors in the main tent. I think it will bring the college some excellent
メインのテントで
publicity. I have asked Ms. Lopez to coordinate your activities, so please discuss your

ideas with her. ⑯ Some students such as Melinda White and Jose Ramirez have
学生　　　　　　Whiteさんのような
already offered to help. ⑰ Please involve them in your plans.
手伝いを申し出た　　　　参加させてください　彼ら（手伝いを申し出た学生）

Sincerely,

Paul Gudgeon — Cobain School of Cooking

問題6-10は次の記事、Eメール、メモに関するものです。

Portland、Maine州—Portlandの町は今年、23回目となる年に一度のパイとジャムの祭典を主催する。イベントは4月17日から4月19日の間行われる。メインテントでの焼き菓子コンテストや料理教室は、祭典で常に人気を集める側面となっている。コンテストへの参加、料理教室への参加、実演の見学は無料。しかしながら、登録する必要がある。1月10日から1月30日の間に登録できる。今年は、主催者が地元企業を代表するチームからの応募も受け付けている。

受信者: Paul Gudgeon <pgudgeon@cobainsc.com>
送信者: Rebecca Broflovski <rbroflovski@cobainsc.com>
件名: パイとジャムの祭典焼き菓子コンテスト
日付: 2月12日

Gudgeon様

Sunday Post紙に掲載された記事を読んだところです。今年、パイとジャムの祭典焼き菓子コンテストでは企業のチームからの応募を受け付けていると記事にありました。他の料理講師の何人かとそれについて話し合っていて、Cobain料理学校チームとして応募書類を提出したいと思います。私たちが参加することを許可して頂けるよう希望しております。

ご存じのように、私は祭典と同じ日取りでCobain料理学校のSacoキャンパスへ、休暇を取るHendrix先生の代講に行く予定です。ありがたいことに、私がパイとジャムの祭典焼き菓子コンテストに関わる場合には、Cindy LopezさんがSacoで私の代わりをすることに同意してくれました。

敬具

Rebecca Broflovski

メモ
宛先: 全教員
差出人: Paul Gudgeon
Subject: パイとジャムの祭典焼き菓子コンテスト
日付: 2月13日

教員の皆さま

もっと早くお知らせすべきだったのですが、今年のパイとジャムの祭典焼き菓子コンテストの主催者が私にコンテストの審査員の一人になるよう依頼してきたのです。残念ながら、審査員が参加者と関わりがあるのはルールに反するのです。

Cobain料理学校のスタッフは、一般市民としても企業チームとしても参加できません。代わりに皆さまには、メインテントで来場者に料理教室で教えたり、料理の実演を行ったり、試食品を提供したりすることで貢献して頂きたいのです。そうすれば、本校に素晴らしい評判をもたらすと考えます。Lopezさんには、活動をまとめてもらうようお願いしましたので、彼女と一緒に皆さまの考えを話し合ってください。Melinda WhiteさんやJose Ramirezさんのように、すでに手伝いを申し出てくれた学生もいます。計画には、彼らも参加させてください。

敬具

Paul Gudgeon — Cobain料理学校

6. What is indicated about the Pie and Jam Festival?
パイとジャムの祭典について何が示されていますか。

(A) It offers cash prizes to contest winners.
それはコンテストの勝者に賞金を与える。
（賞金について述べられていないのでNG）

(B) It attracts international visitors.
それは海外からの観光客を魅了している。
（❸人気だとは書いてあるが海外観光客については
記述がないのでNG）

(C) It is held once a year.
それは1年に1回開催される。

(D) It will be held in Portland for the first time.
それはポートランドで初めて開催される。
（❶23回目の開催。1回目ではないのでNG）

クイズ

設問にあるキーワードthe Pie and Jam Festival
「パイとジャムの祭典」が最初に登場するのは（記事・
Eメール・メモ）だ。❶ キーワードの近くにある単
語annualに注目しよう。これは（人気の・年1回の）
という意味。これを文で言い換えた選択肢（(A)・(B)・
(C)・(D)）が正解。

7. What is the purpose of the e-mail?
Eメールの目的は何ですか。

(A) To thank a coworker for some advice
アドバイスをくれた同僚に感謝するため
（アドバイスについて述べられていないのでNG）

(B) To ask a contest organizer to change a rule
コンテストの主催者にルールを変更するよう依頼するため
（Eメールではなくメモに規則の言及はある。
しかもルール変更依頼ではないのでNG）

(C) To point out a mistake in an article
記事の誤りを指摘するため
（記事の誤りについて述べられていないのでNG）

(D) To request permission to take part in a contest
コンテストに参加する許可を依頼するため

クイズ

目的を問う問題では、文書の（冒頭・最後）に注目し
よう。まず❻❼Eメールアドレスを見れば、送受信
者が（同じ・異なる）所属であると分かる。そして
❽ Eメールの（第1段落・第2段落）にあるwould
like toは（希望を伝える・感謝する・おわびする）
表現だ。続けて料理学校代表としてコンテストの
（応募・アドバイス・誤り）や❾（お礼・許可願い・
変更願い）を伝えていることから、正解は（(A)・(B)・
(C)・(D)）。

8. When will Ms. Hendrix most likely go on vacation?
Hendrixさんが休暇に出かけるのはいつだと考えられますか。

(A) On January 30
1月30日

(B) On February 12
2月12日

(C) On April 17
4月17日

(D) On April 19
4月19日

クイズ

設問にある人名がヒント。Hendrixさんは（記事・
Eメール・メモ）に登場するので、その近辺から日付
に関する情報を探そう。❿ Hendrixさんの名前のあ
る文を読めば、祭典の（開催・申し込み）と同じ日付
で休暇に出かけると分かる。そこで祭典のスケジュー
ルを説明する（記事・Eメール・メモ）を確認しよう。
❷その文書には（1月10日～30日・4月17日～19日）
と述べてある。2つの情報を組み合わせれば、休暇に
出かける日は（(A)・(B)・(C)・(D)）だと分かる。

9. What is implied about some of the events Cobain School of Cooking will conduct?

Cobain 料理学校が行うイベントのいくつかについて、何が示唆されていますか。

(A) They will be held in the school building.
イベントは校舎で行われる。
(❸❻ テントで行われるのでNG)

設問の動詞がimpliedなので、料理学校のイベント情報を(推測する必要がある・探すだけでよい)。イベントについては(記事・Eメール・メモ)に述べられている。❻(コンテストへの参加・料理教室)、(料理の実演・調理器具の販売)、(格安レストラン・試食品の提供)だ。祭典の詳細を(記事・Eメール・メモ)で確認すると、❹これらのイベントは(オンライン登録者限定・無料)と書いてあるので、正解は((A)・(B)・(C)・(D))。

(B) People can take part for free.
❹❻人々は無料で参加できる。

(C) Transportation will be provided.
交通機関が提供される。
(交通機関について述べられていないのでNG)

(D) People can register online.
人々はオンラインで登録する。
(❺登録の必要性は書いてあるが、オンラインとは書いてないのでNG)

10. What is probably true about Ms. White?

Whiteさんについて正しいと思われるものはどれですか。

(A) She was recently hired by Cobain School of Cooking.
彼女は最近Cobain料理学校に雇われた。
(❻彼女は学生なのでNG)

設問にある人名がヒント。(記事・Eメール・メモ)に書いてあるWhiteさんに関する情報を探そう。❻Whiteさんの名前が含まれる文から、彼女は料理学校の(講師・学生)であり、手伝いを(申し出て・依頼して)いると分かる。この文書には、❶❷❸❹学校関係者がコンテストに参加(できる・できない)こと、❻料理教室などのイベントを行うこと、❼イベントには手伝いを申し出た(講師・学生)も参加させることが述べられている。これらの情報を組み合わせると、正解は((A)・(B)・(C)・(D))。

(B) She cannot take part in the festival baking contest.
彼女は祭典の焼き菓子コンテストに参加できない。

(C) She attends the Saco campus of Cobain School of Cooking.
彼女はCobain料理学校のSacoキャンパスに向かう。
(⓫Sacoに向かう予定だったのはLopezさんなのでNG)

(D) She will not be in Portland during the festival.
彼女は祭典期間中にPortlandにいない。
(❻❼料理学校のイベントを手伝うため、お祭りの開催地ポートランドにいるのでNG)

1. The orientation tour will ------- in the main conference room on the building's fourth floor.

③ 助動詞＋動詞原形のセットを完成させる
② 助動詞willがヒント

(A) conclusive
　形 決定的な
(B) conclude
　動 終える
(C) conclusively
　副 決定的に
(D) conclusion
　名 結論

　① 語尾を
　チェック

❶選択肢に（同じ・異なる）品詞が並んでいる問題では、空所前後を確認しよう。❷空所前には助動詞 will、空所後に意味の区切りができる前置詞 in がある。❸（助動詞・前置詞）は（前・後ろ）に動詞の（現在分詞・原形）が必要なので、((A)・(B)・(C)・(D)) が正解。

> 訳　説明会は、建物の4階にあるメイン会議室で終了する予定だ。

---

2. The Thames River Cruise was held every day in March ------- (the poor weather conditions).

開催された　　毎日　　❸前半と逆接つながり 前置詞despite＋名詞のかたまりが完成
② 名詞のかたまり「悪天候」

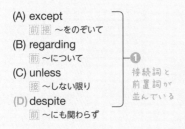

(A) except
　前 接 ～をのぞいて
(B) regarding
　前 ～について
(C) unless
　接 ～しない限り
(D) despite
　前 ～にも関わらず

　① 接続詞と
　前置詞が
　並んでいる

❶接続詞と前置詞が並んでいる問題では、まず空所後の形を確認しよう。❷空所後は（節・名詞のかたまり）だ。❸次は意味の確認。前半は「クルーズが毎日開催された」、後半は「悪天候の条件」となっており、前後は（～なので・～にも関わらず）という意味でつながっている。したがって、（節・名詞のかたまり）を続ける（接続詞・前置詞）で、（条件・逆接）を表す ((A)・(B)・(C)・(D)) が正解。

> 訳　Thames川のクルーズは悪天候の条件にも関わらず、3月は毎日開催された。

---

3. Ms. Dwyer decided to update the company Web site ------- (as only minor changes were required).

❸ 名詞の後ろに追加できる -self「～自身で」（強調）
② 空所前に名詞

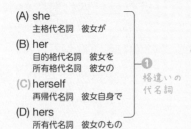

(A) she
　主格代名詞　彼女が
(B) her
　目的格代名詞　彼女を
　所有格代名詞　彼女の
(C) herself
　再帰代名詞　彼女自身で
(D) hers
　所有代名詞　彼女のもの

　① 格違いの
　代名詞

❶選択肢には（人が異なる・人が同じで格違いの）代名詞が並んでいる。❷空所前にあるのは（動詞・名詞）だ。❸その場合は、（目的格代名詞・再帰代名詞）を選べば、（彼女自身を・彼女自身で）と強調する意味が加わる。正解は ((A)・(B)・(C)・(D)) だ。

> 訳　Dwyerさんは、小さな変更のみ必要だったので自分自身で会社のウェブサイトを更新すると決めた。

---

4. Unfortunately, the company can only ------- parking spaces for senior employees.

❸ provide を当てはめると「駐車場を提供する」
② 目的語「駐車場」と意味がつながる動詞は？

(A) provide
　動 ～を提供する
(B) inform
　動 ～を知らせる
(C) deny
　動 ～を否定する
(D) prevent
　動 ～を防ぐ

　① 動詞が
　並ぶ
　語彙問題

❶選択肢に（同じ・異なる）品詞が並んでいる問題では、（文法的に正しくなる・意味が通じる）語を選ぼう。❷空所後にある目的語 parking spaces「駐車場」とつながるかどうかを確認する。❸((A)・(B)・(C)・(D)) を選べば、「会社は幹部社員用の駐車場を（提供する・知らせる・否定する・防ぐ）」となり、自然なつながりとなる。

> 訳　残念ながら、会社が提供できるのは幹部社員用の駐車場だけだ。

③「Wilson市長の計画 ↶ 掃除をする 市の公園を」 範囲を広げて意味確認 「計画は利点がある」

5. Mayor Wilson's plan (to clean up the city's parks) will have many -------.

② 前の動詞とのつながりだけでは選べない

(A) periods
名 期間

(B) benefits
名 利点

(C) interests
名 興味

(D) possessions
名 所有

① 名詞が並ぶ語彙問題

① 名詞が並んでいる語彙問題。空所前とのつながりを確認しよう。**②** 空所前 have many に意味がつながりそうな選択肢は (いくつかある・ひとつしかない)。**③** 確認する範囲を広げると、主語は「Wilson市長の市の公園を掃除する計画は」だ。((A)・(B)・(C)・(D)) を選べば「掃除する計画は (期間・利点・興味・所有) がある」となり、意味がつながる。

訳 Wilson市長の市の公園を掃除する計画は多くの利点があるだろう。

③ 前置詞 to の後ろに名詞のかたまりを作る

6. Mr. Hussain submitted his entry (to the photography -------) (on May 23).

② 前置詞 　　　　　 前置詞

(A) competitively
副 競争的に

(B) competitive
形 競争の

(C) compete
動 ～と競う

(D) competition
名 コンテスト、競争

① 語尾をチェック

① 語尾が (同じ・異なる) 品詞問題では、空所前後を確認しよう。**②** 空所前に意味の区切りができる前置詞 to、空所後にはさらに on から日付のかたまりがある。**③** photography ＋空所で (名詞・形容詞) のかたまりになるように、空所には (名詞・形容詞) の ((A)・(B)・(C)・(D)) を選ぼう。

STEP UP 名詞が複数並び、前が後ろの内容を表すパターン (複合名詞) だ。

訳 Hussainさんは5月23日の写真コンテストの参加申込書を提出した。

7. Ms. Hammond has agreed ------- training for her replacement when she retires.

② agree の後ろは to 不定詞

(A) to provide
to不定詞

(B) providing
動名詞、現在分詞

(C) is providing ←**①**
現在進行形

(D) provides ←
現在形(三人称単数)

本動詞の後さらに本動詞続けるのはNG

① 選択肢にさまざまな (動詞の形・品詞) が並ぶ問題。空所前にはすでに本動詞 has agreed があるので、空所には本動詞ではない形が必要。**②** 動詞 agree は後ろに (動名詞・to不定詞) を続けて「～することに同意する」の意味となる。したがって、((A)・(B)・(C)・(D)) が正解。

訳 Hammondさんは、退職するときに彼女の後任のために研修を行うことに同意した。

③ 完成したところに入り込めるのは副詞 -ly

8. Ms. Yasukura was ------- sure that she would make it back from New York in time for the banquet.

② 空所前後 be sure that ～「～と確信している」のフレーズが完成している

(A) reasonably
副 かなり

(B) reasonable
形 妥当な

(C) reason
名 理由

(D) reasonability
名 妥当性

① 語尾をチェック

① 選択肢に (同じ・異なる) 品詞が並んでいる問題。**②** 空所前と空所後の was sure that ～でフレーズが完成して (いる・いない)。**③** be動詞と sure の間に入り込めるのは (形容詞・副詞) なので、(-ly・-able) が付いている ((A)・(B)・(C)・(D)) が正解。

訳 Yasukuraさんは、食事会に間に合うようにニューヨークから何とか戻れるだろうとかなり確信していた。

Questions 9-12 refer to the following ❶memo.
メモ（社内文書）

❷To: All employees　　　宛先　╮
❸From: Carleton Whitehall　差出人　├─ ヘッダーで概要確認
❹Subject: New Kitchen　　件名　│
❺Date: November 2　　　日付　╯

❻**On the weekend, a team of builders** from Harcourt Construction **will**
　★週末＝未来　　　建築業者のチームが

be replacing the entire kitchen. -------. I ❼**have** ------- the workers
　取り換える　　全部　キッチンを　　9.　　　　　　10.
　　　　　　　　　　　　　　　　　　　　　　haveと過去分詞で現在完了形が完成

❽**to dispose of any items** (left in the refrigerator) before they disconnect it
　処分する　　どの品物も　　冷蔵庫に残された

from the power. **This is because** ❾**we will be unable to guarantee**
　　　　　　　処分の理由　　　　　できない　　　保証

their -------. If you have stored any food in the refrigerator, please take it
　　　11.
　それらの（冷蔵庫の品物の）〜を

home with you on Friday evening. ❿**On Monday morning**, we ------- a new
　　　　　　　　　　　　　　★月曜の朝＝未来　　　12.

kitchen ⓫**with more storage space**, easy-clean surfaces, and an
　　　　　より広い保存場所

ice-maker.

全文訳

問題9-12は次のメモに関するものです。

宛先：全従業員
差出人：Carleton Whitehall
件名：新しいキッチン
日付：11月2日

週末に、Harcourt Construction社からの建築業者のチームがキッチン全体を取り換える予定です。* 新しいカウンター、キャビネット、冷蔵庫になります。業者には、冷蔵庫の電源を切る前にその中に残っているどの品物も処分するように指示しました。その新鮮さを保証することができないためです。もし冷蔵庫の中に食べ物を保存していたならば、金曜の夕方には家に持ち帰ってください。月曜の朝には、より広い保存場所、掃除の簡単な表面、そして製氷機のある新しいキッチンになっています。

9.

(A) We will get new counters, cabinets, and a new refrigerator.
新しいカウンター、キャビネット、冷蔵庫になります。

(B) This is the most deluxe kitchen we currently manufacture.
これは、私たちが現在製造している最も豪華なキッチンです。
(⑥ キッチン製造メーカーではないのでNG)

(C) Please write your name on any items you have in the refrigerator.
冷蔵庫にあるあなたのものには名前を書いてください。
(⑧ 廃棄されるのに、記名依頼は不適切)

(D) All of the storage spaces will remain as they are.
保存場所のすべてはそのままになります。
(⑪ 保存場所は広くなるのでNG)

クイズ

文選択問題。他の文を参照 (する文脈依存型・しない独立型) なので、(優先的に解こう・後回しにしてもよい)。❶～❺ 指示文とヘッダーで概要を確認後、❻ 冒頭の文で話題をつかもう。話題はキッチンの (新商品発売・取り換え工事) なので(A)は (適切・不適切)。新しいキッチンを (自分たちが製造する・業者が取り換える) ので、(B)は (適切・不適切)。❽ 冷蔵庫の中身は (移動・廃棄) されるので、(C)は (適切・不適切)。⓫ 保管場所は (そのままだ・広くなる) から(D)は (適切・不適切)。本文と照合し、答えは ((A)・(B)・(C)・(D)) だと分かる。

10.

(A) instruct
　動 ～に指示する

(B) instructive
　形 有益な

(C) instructed
　動 過去分詞

(D) instruction
　名 指示

— 語尾が異なる品詞問題 空所前後を見て解こう

クイズ

品詞問題は他の文を参照 (する文脈依存型・しない独立型) なので、(優先的に解こう・後回しにしてもよい)。❼ 空所前のhaveと ((A)・(B)・(C)・(D)) で (現在形・現在完了形) になると考えれば、後ろに目的語the workersが続く文が完成する。空所が本動詞「持つ」の目的語だと考えて ((A)・(B)・(C)・(D)) を選ぶと、目的語が (1つ・2つ) になるので (正しい・誤った) 文になる。

11.

(A) price
　名 値段

(B) freshness
　名 新鮮さ

(C) location
　名 場所

(D) popularity
　名 人気

— 名詞が並ぶ語彙問題 意味で選ぶ

クイズ

名詞が並んでいる語彙問題。空所近くの内容を確認しよう。❾ 空所前「保証できない」の目的語として意味がつながりそうな名詞は (いくつかある・ひとつしかない)。確認する範囲を広げよう。This is becauseで始まるこの文は、❽ 冷蔵庫の中身を処分する理由だ。((A)・(B)・(C)・(D)) を選べば、「冷蔵庫の品物の (値段・新鮮さ・場所・人気) を保証できないから」となり、意味がつながる。

12.

(A) have had
　現在完了形

(B) are having
　現在進行形

(C) to have
　to不定詞

(D) will have
　未来形

— 動詞の形を選ぶ問題

クイズ

動詞の形を選ぶ問題。空所前のweに続けられる形は (いくつかある・ひとつしかない)。❿ 月曜の朝は、どの時制になるのか、さかのぼって確認しよう。❻ 冒頭で週末の工事は (現在・過去・未来) 時制で述べられている。週末後となる月曜の朝は (現在完了形・現在進行形・未来形) の((A)・(B)・(C)・(D)) で表現するのが適切。

Questions 13-14 refer to the following ❶advertisement.
広告

❷**Riverside Home — Hampton, London**

❸This two-bedroom house is perfect for a young couple buying their
2つの寝室がある家　　最適　　若い夫婦に

first home. It is in a quiet area on the shore of the River Thames in

Hampton. The property has a small backyard perfect for children.

❹The current owner has updated all of the interior electrical wiring and
現在の所有者　新しくした　全て　　内部の電気配線と

plumbing in the last two years, so there should be few ongoing
配管＝整備済み

maintenance costs. This is a popular area and ❺the property is likely
物件　　なりそう

to have a high resale value in the future.
高い転売価格　　将来

Other benefits include:

❻•Walking distance to shops, train station, and bus stops
徒歩圏内　　店舗　　駅　　バス停＝便利なところ
❼•Near the historic Hampton Court Castle
近く　歴史的な　　城＝史跡近く
•A highly efficient central heating unit

The price will be revealed on application.
Contact Ralph Branson at GHT Real Estate to arrange an inspection and
discuss financing options.
rbranson@ghtrealestate.com

Riverside Home — Hampton, London

この寝室が2つある家は最初の家を買う若いご夫婦に最適です。HamptonのThames川ほとりにある閑静な地区内にあります。物件には子供たちに最適な小さい裏庭があります。現在の持ち主がここ2年で、内部の電気配線と配管を全て新しくしましたので、継続する維持費用はほとんどかかりません。ここは人気の地区なので、物件は将来の転売価格も高くなるでしょう。

その他、次の利点があります:
・店舗、駅、バス停が徒歩圏内
・歴史的なHampton Court城の近く
・効率の良いセントラルヒーティングシステム

価格は応募があり次第提示されます。
GHT不動産のRalph Bransonまでご連絡をいただければ、内見の手配と
資金調達の選択肢に関するご相談に応じます。
rbranson@ghtrealestate.com

13. Who would the advertisement appeal to?
広告が訴えている対象は誰ですか。

(A) Hampton business owners
Hamptonの事業主

(B) Holidaymakers
休日の行楽客

(C) Real estate agents
不動産業者

(D) Property investors
不動産投資家

クイズ

❶followingの後ろと❷文書タイトルから不動産の（求人・広告）だと分かる。❸冒頭にある1文の情報から答えを（決められる・決められない）ので、その先を読んでいこう。❺第5文の情報でこの物件の値上がりに言及していることから、不動産を（貸して・売買して）利益を得る（(A)・(B)・(C)・(D)）が広告の対象だ。

14. What is NOT mentioned about the house?
家について述べられていないことは何ですか。

(A) It offers off-street parking.
それは表通りから離れた駐車場を備えている。
（❹内部は整備済みなので文書と一致）

(B) It has recently received maintenance.
それは最近整備された。

(C) It is in the vicinity of a historical site.
それは史跡の近くにある。
（❼歴史的なお城の近くなので文書と一致）

(D) It is conveniently located.
それは便利なところに位置している。
（❻店舗、交通機関が徒歩圏内なので
文書と一致）

クイズ

(A)〜(D)のうち文書に記述がない、あるいは文書と異なる選択肢が正解となる。駐車場については述べられて（いる・いない）ので、(A)は文書と（一致・不一致）。❹内部の電気配線と配管を新しく（した・していない）ので、(B)は文書と（一致・不一致）。❼近くにお城があるので、(C)は文書と（一致・不一致）。❻広告内で立地は（公共交通機関の徒歩圏内な・述べられていない）ので、(D)は（一致・不一致）。述べられていない（(A)・(B)・(C)・(D)）が正解。**STEP UP** 公共交通機関が利用できる場所を便利な場所と言い換えるパターンは頻出。

手紙

❶Pomphrey Office Furniture ＝ヘッダーには差出人情報
12 Brown Street
Auckland

18 May ＝日付

❷Dear Ms. Cobb,
Dear の後ろに受取人情報

❸The set of boardroom furniture (you ordered at our showroom earlier this month)
重役用会議室の家具　　あなたが　注文した　ショールームで　　今月の初め
is ready for pickup at our warehouse at 5 Maycomb Avenue, Auckland. You may
受け取りの準備ができている　　　倉庫で
pick it up between 9:00 A.M. and 5:00 P.M. Monday through Friday.
❹If you are unable to collect the items by 4 June, ❺please contact me to ask for
もし　　できないなら　品物の受け取り　6月4日までに　　　　　連絡の上　　依頼して
additional time. Otherwise, we will have it moved to our furniture showroom at
追加の期間を　そうでなければ　それ(注文した家具)を移動させる　家具の　ショールームに
34 Holland Way.

Client Number:	TY747389
Item Number:	HJTY000003
❻Date of Order:	7 May
Cost of Item:	$4,587

Thank you for shopping at Pomphrey Office Furniture. We hope you visit us again
when you are next in the market for office furniture.

Sincerely

Stan Keats

❼Stan Keats
Sales Manager – Pomphrey Office Furniture

問題15-17は次の手紙に関するものです。

Pomphrey オフィス家具
Brown通り12番地
Auckland

5月18日

Cobb様

今月の初めショールームにてご注文の重役用会議室の家具一式は、Auckland、Maycomb通り5番地の倉庫にて受け取りの準備ができています。月曜から金曜の午前9時から午後5時の間にお受け取りいただけます。もし6月4日までに受け取りができないときは、ご連絡の上追加の期間をご依頼ください。そうでなければ、Holland通り34番地の家具ショールームへ移動させることになります。

顧客番号：	TY747389
品番：	HJTY000003
注文日：	5月7日
価格：	4,587ドル

全文訳

Pomphreyオフィス家具にてお買い上げくださり、ありがとうございます。オフィス家具をお買い求めの際には、ぜひ次回も当店にお立ち寄りください。

敬具

Stan Keats (署名)
Stan Keats
営業部長 – Pomphreyオフィス家具

15. What does Mr. Keats say about Ms. Cobb's order?

Keatsさんは Cobbさんの注文について何と言っていますか。

(A) It has been shipped to the wrong address.
それは誤った住所に発送された。
(発送は述べられていないのでNG)

(B) It has arrived at a storage facility.
それは保管施設に届いた。
(③倉庫で受け取り準備ができているのでOK)

(C) It is not eligible for a discount.
それは割引の対象ではない。
(割引は述べられていないのでNG)

(D) It has been returned to the manufacturer.
それは製造業者に返品された。
(返品は述べられていないのでNG)

クイズ

❶ヘッダー、❷宛名、❼署名から、手紙の (差出人・受取人) が家具店のKeatsさんで、Cobbさんが (差出人・受取人) だと分かる。❸冒頭で注文した家具が (倉庫・店舗) にあり、受け取り準備ができていると述べられているので、正解は ((A)・(B)・(C)・(D)) だ。warehouseの言い換えに注意。

16. According to the letter, why might Ms. Cobb call Mr. Keats?

手紙によると、なぜCobbさんがKeatsさんに電話するかもしれないのですか。

(A) To change her order
注文を変更するため

(B) To update a delivery address
配送先を更新するため

(C) To request an extension
延長をお願いするため

(D) To obtain a discount coupon
割引クーポンを手に入れるため

クイズ

設問にmightが使われていることから、電話する可能性は (高い・低い) ことを念頭に答えを探そう。❹ (Keatsさん・Cobbさん) が6月4日までに注文品を受け取れないときは、❺ (注文の変更・配送先の更新・追加期間の依頼) を連絡するように、と述べられている。したがって、((A)・(B)・(C)・(D)) の目的で電話する可能性がある。

17. When did Ms. Cobb visit Pomphrey Office Furniture?

CobbさんはいつPomphreyオフィス家具を訪ねましたか。

(A) On May 7
5月7日

(B) On May 18
5月18日

(C) On June 4
6月4日

(D) On June 5
6月5日

クイズ

Cobbさんが家具店を訪ねた日を問う問題。文書内にある日付を順に確認していこう。宛名の上にある5月18日は (手紙を書いた・家具店を訪ねた) 日。❹6月4日は (家具の受け取り期日・家具店を訪ねた日)。❻5月7日は (支払い日・注文日)。❸冒頭に (ショールームで・オンラインで) 注文したと述べられているので、家具店を訪れた日は注文と (異なる・同じ) ((A)・(B)・(C)・(D)) だ。

NOTICE

❶Dear Guests,
宿泊客の皆様

❷Welcome to the Gatwick Inn; St. Kilda's premier accommodation
ようこそ   Gatwick Inn (宿、ホテル) へ   **最高級の**   宿泊施設
provider. Please note that ❸this elevator will be **out of commission** for
使用できない
a few hours **today**. ❹This is simply a **routine inspection of**
設問キーワード＝今日   定例の 検査＝checkup
the electrical system and the safety mechanism by specialists hired by
電気システム   と   安全装置
the city council. ❺The work will be carried out between the
作業は   行われる
hours of 10 A.M. and 3 P.M. We do not anticipate any inconvenience to
午前10時から午後3時の間
guests as the other two elevators have already been inspected, and they

will be available all day.

Sincerely,

The Management

問題18-20は次のお知らせに関するものです。

お知らせ

宿泊客の皆様

Gatwick Innへようこそ；St. Kildaにある最高級宿泊施設です。本日、数時間このエレベーターは使用できなくなりますのでご注意ください。これは単に、市議会によって採用された専門家による電気システムと安全装置の定例検査のためです。作業は午前10時から午後3時の間行われます。他の2つのエレベーターはすでに検査されており、終日利用できますので、お客さまにご不便をおかけすることはないと思われます。

敬具

経営者

全文訳

18. For whom is the notice intended?
お知らせは誰を対象としていますか。

(A) Train passengers
電車の乗客

(B) Office workers
会社に勤務する人

(C) Hotel guests
ホテル宿泊客

(D) Library users
図書館利用者

クイズ

お知らせを受け取る対象者を問う問題。❶ 宛名に guests、❷ 冒頭に（交通機関・ホテル・図書館）への歓迎の言葉があるので、((A)・(B)・(C)・(D)) が正解。

19. What will take place today?
今日、何が行われますか。

(A) A convention
会議

(B) A mechanical checkup
機械の検査

(C) A discount sale
割引セール

(D) A sporting event
スポーツのイベント

クイズ

設問のキーワードはtoday。❸ todayを含む第2文には、エレベーターが使用できない、❹ 続く第3文には、その理由が（イベント・会議・機械の検査）だと述べられている。したがって、((A)・(B)・(C)・(D)) が正解。inspection が言い換えられている点に気を付けよう。

20. When will the work be completed?
いつ作業が完了しますか。

(A) This morning
今日の午前

(B) This afternoon
今日の午後

(C) Tomorrow morning
明日の午前

(D) Tomorrow afternoon
明日の午後

クイズ

作業に関する時間表現を確認していこう。❸ エレベーターが使用できないのは（今日だけ・今日と明日）。❺ また、作業の終了時刻は（午前10時・午後3時）と述べられているので、正解は ((A)・(B)・(C)・(D))。

❶ **Thank you for visiting** the Gladwell Art Gallery
ご来館ありがとうございます　　Gladwellアートギャラリーへ＝設問キーワード

❷ The gallery is run entirely by volunteers, and ❸ all of the artworks (we have
ギャラリーは運営されている　完全にボランティアによって　　すべての芸術作品

on permanent display) have been donated by local businesses and
常設の　　　　　　　寄贈された　　　地域の企業　　と

private individuals. The building itself is provided by the city council as part of
個人によって

its heritage preservation initiative. The small admission fee we charge visitors

helps us cover running costs, such as water, electricity, maintenance of the

collection, and so on.

Financial contributions are greatly appreciated, and ❹ the gallery shows its
ギャラリーは　表す

appreciation by providing special events for people (who contribute over $100
感謝の気持ちを　提供することによって　特別イベントを　　　寄付する人に　　100ドル以上

each year.) ❺ This year's events include a gallery tour led by Steven Knight from
毎年　　　　　今年のイベントは　含む　　ギャラリー見学　Steven Knight氏による

the Chicago Bugle Arts Pages on March 23 and ❻ a preview of an exhibition by
3月23日に　　　　　　内覧　　　展覧会の

world-famous painter Fiona Wexler on September 4.
世界的有名画家　　Fiona Wexler氏による　9月4日に

❼ To: | Karen Daly <kdaly@dalyassociates.com>
❽ From: | Max Finlay <mfinlay@gladwellartgallery.com>
Date: | February 8
❾ Subject: | Invitation **March 23** Special Event

❼ Dear Ms. **Daly**,
Ｅメールの受信者 Daly さん＝設問キーワード

❿ I am writing to **invite you to a special event on March 23.** ⓫ Originally, the event was to
招待する あなたを 特別イベントに　 ３月 23 日

be a gallery tour, but ⓬ **Mr. Knight is no longer available.** Instead, we have organized an
Knight 氏は もう対応できなくなった＝見学は中止

art competition, which we would like you to help judge. Around 100 artworks (submitted

by local artists) will be on display. ⓭ **You are invited to enjoy fine food, delicious beverages,**
招待される　 楽しむ 絶品の料理　 おいしい飲み物

and excellent entertainment provided by the Chicago Amateur Orchestra as you cast your

vote.

Sincerely,

Max Finlay
Head Curator — Gladwell Art Gallery

Reviews of ⓮ **Fiona Wexler's** *In the Now* **exhibition at the Gladwell Art Gallery**

Reviewer: ⓯ **Theodore Beauregard**
レビューを書いた人＝設問キーワード

⓰ **I attended a preview of the exhibition** the night before it was shown to the general
参加した　 内覧に　 展覧会の

public. I was extremely impressed with Ms. Wexler's talent even though it is not the

first time I have attended one of her exhibitions. She is really growing as an artist.

⓱ **I imagine that the artworks will sell out soon.** ⓲ **More than half of the works**
想像する　　 芸術作品は　 完売する すぐに＝人気 半分以上の　 作品が

on display had already been sold by the end of the evening.
展示されている　 すでに 売却された その夜の終わりまでに＝人気

問題21-25は次の案内、Eメール、レビューに関するものです。

Gladwell アートギャラリーにご来館くださりありがとうございます

ギャラリーは完全にボランティアによって運営されており、常設展示されているすべての芸術作品は地域の企業や個人によって寄贈されたものです。建物自体は、遺産保護の取り組みの一部として市議会によって提供されています。来場者に請求する少額の入場料は水道、電気、コレクションの保守管理などの維持費を賄う助けとなっております。

財政の寄付は非常にありがたく、毎年100ドルを超える寄付をしてくださる皆さまに特別イベントを提供することによって、ギャラリーは感謝の気持ちを表しています。今年のイベントは、3月23日開催のChicago Bugle Arts PagesのSteven Knight氏によるギャラリー見学、9月4日の世界的に有名な画家Fiona Wexler氏による展覧会の内覧が含まれています。

受信者：Karen Daly <kdaly@dalyassociates.com>
送信者：Max Finlay <mfinlay@gladwellartgallery.com>
日付：2月8日
件名：3月23日特別イベントへのご招待

Daly様

3月23日の特別イベントへあなたをご招待するためにEメールを差し上げています。もともと、イベントはギャラリー見学を予定しておりましたが、Knight氏がもう対応できなくなりました。代わりに、芸術コンテストを計画しました。そこであなたに審査を手伝っていただきたいのです。地域の芸術家によって提出された約100点の芸術作品が展示されます。あなたをご招待しますので、票を投じながら絶品の料理、おいしい飲み物、そしてシカゴ・アマチュア・オーケストラによって提供される素晴らしいエンターテインメントをお楽しみください。

敬具

Max Finlay
Gladwellアートギャラリー館長

Gladwell アートギャラリーにて現在開催中のFiona Wexler氏の展覧会に関するレビュー

批評者：Theodore Beauregard
一般に公開される前夜に展覧会の内覧に参加しました。Wexlerさんの展覧会に参加するのは初めてではなかったにも関わらず、彼女の才能に非常に感銘を受けました。彼女は芸術家として本当に成長しています。その芸術作品はすぐに完売すると想像しています。展示されている作品の半分以上がすでにその夜の終わりまでに売約済みとなっていました。

21. What is indicated about the Gladwell Art Gallery?
Gladwell アートギャラリーについて何が示されていますか。

(A) It has a large gift store.
そこには大きな土産店がある。
(土産店は述べられていないのでNG)

(B) It advertises in a local newspaper.
それは地元の新聞で宣伝している。
(新聞宣伝は述べられていないのでNG)

(C) It purchases art from private collectors.
それは個人収集家から芸術品を購入している。
(❸ 個人からの購入ではなく寄贈なのでNG)

(D) It is a nonprofit organization.
それは非営利団体である。
(❷❸ ボランティアと寄贈による運営なのでOK)

設問にindicated「示されている」という表現があるので、Gladwell アートギャラリーに関する記述から推測して答えを探そう。❶ 情報のタイトルに設問キーワードのギャラリー名がある。❷ そして冒頭にこのギャラリーがボランティアによって(運営されている・利益を上げている)こと、❸企業や個人によって作品が(購入・寄贈)されていることが述べられている。したがって、((A)・(B)・(C)・(D))が正解。

22. What is probably true about Ms. Daly?
Dalyさんについて正しいと思われるものは何ですか。

(A) She will meet with Mr. Knight on March 23.
彼女は3月23日にKnight氏に会うだろう。
(⓫⓬ Knight氏は来場しないのでNG)

(B) She has subscribed to an art gallery newsletter.
彼女はアートギャラリーのニュースレターを定期購読してきた。
(ニュースレターについて言及がないのでNG)

(C) She is a member of the Chicago Amateur Orchestra.
彼女はシカゴ・アマチュア・オーケストラの一員である。
(一員であるとは述べられていないのでNG)

(D) She made a donation to the Gladwell Art Gallery.
彼女はGladwell アートギャラリーに寄付をした。
(❹❺⓾ イベント招待客＝寄付した人なのでOK)

設問にprobably「たぶん」が入っているので、Dalyさんに関する記述から推測して答えを探そう。❹ 情報の第4文に(会員になった・寄付をした)人は特別イベントに招待される、❺❻第5文に特別イベントの開催は3月23日と9月4日と述べられている。また、❼〜⓾Eメールのヘッダーと冒頭の第1文から、Dalyさんは(Knight氏・ギャラリー)から3月23日の特別イベントに(招待された・代役を頼まれた)と分かる。これらの情報を組み合わせて、((A)・(B)・(C)・(D))を選ぼう。

23. What is indicated about the March 23 event?

3月23日のイベントについて何が示されていますか。

(A) It will be featured in a newspaper.
それは新聞に特集される。
（新聞報道について言及がないのでNG）

(B) Refreshments will be provided.
軽食が提供される。
（⑬ 食べ物と飲み物＝refreshments が
あるのでOK

(C) A famous artist will attend.
有名な芸術家が参加する。
（⑥ 有名な画家のイベントは9月4日なのでNG）

(D) It will be held at the city hall.
それは市役所で開催される。
（市役所について言及がないのでNG）

クイズ

Dalyさんに届いた3月23日のイベントに招待する
Eメールは、⑬ 最後の文で（著名画家・飲食・新聞
記事・開催地）について言及している。その情報から、
正解は（(A)・(B)・(C)・(D)）だと分かる。メールと
選択肢で異なる表現になっている点に注意しよう。

24. When did Mr. Beauregard probably attend the Gladwell Art Gallery?

BeauregardさんがGladwellアートギャラリーに参加したのはいつだと思われますか。

(A) On February 8
2月8日

(B) On March 23
3月23日

(C) On September 4
9月4日

(D) On September 5
9月5日

クイズ

⑮ 設問のキーワードMr. Beauregardは（案内・
Eメール・レビュー）に登場する。⑭ ⑯ タイトルと
冒頭部分からGladwellアートギャラリーの（芸術
家のコンテスト・Wexler氏の展覧会）の内覧に参
加したことが分かる。⑥ このイベントは（会員に
なった・寄付をした）人が招待される特別イベント
で、開催日は（案内・Eメール・レビュー）で述べら
れている。正解は（(A)・(B)・(C)・(D)）。

25. What does Mr. Beauregard suggest about the artworks at the *In the Now* exhibition?

現在の展示にある芸術作品について Beauregard さんは何を示唆していますか。

(A) They have been discounted.
それらは値引きされた。
（値引きは述べられていないのでNG）

(B) They were painted by various artists.
それらはさまざまな芸術家によって描かれた。
（⑭Wexler さん1人の作品なのでNG）

(C) They are popular with collectors.
それらは収集家に人気である。
（⑰⑱早々に売却済み＝人気なのでOK）

(D) They are part of the gallery's permanent collection.
それらはギャラリーの常設展示の一部である。
（⑥⑭常設ではなく現在の展示なのでNG）

クイズ

設問にsuggest「示唆する」が入っているので、Beauregardさんが現在の展覧会について述べている（案内・Eメール・レビュー）から推測して答えを探そう。⑰⑱文書の最後に（地元の芸術家たち・Wexler氏）の作品について（完売が予想される・値引きが適用される・常設展に寄贈される）と書いてある。これを言い換えた（(A)・(B)・(C)・(D)）が正解。

【著者紹介】

中村 信子 (Nobuko Nakamura)

広島大学学校教育学部卒。上智大学大学院博士課程満期退学。日本大学・東京家政大学・東洋英和女学院大学非常勤講師。言語学修士、中・高専修英語教員免許取得。TOEIC L&Rテスト990点取得。

山科 美智子 (Michiko Yamashina)

慶應義塾大学文学部卒。San José State University 大学院言語学専攻。The College of New Jersey 大学院教育学修士。元埼玉女子短期大学国際コミュニケーション学科准教授、中央大学・学習院女子大学非常勤講師。現在ドイツ在住。

編　集	株式会社 エンガワ
問題作成	Ross Tulloch
イラスト	矢戸優人
英文校正	Peter Branscombe
和文校正	岡田英夫
装丁	Boogie Design
本文デザイン・DTP	株式会社 創樹

TOEIC® L&Rテスト リーディング 解き方のスタートライン

2021年3月31日　初版第1刷発行

著　者	中村信子／山科美智子
発行者	藤嵜政子
発行所	株式会社 スリーエーネットワーク
	〒102-0083 東京都千代田区麹町3丁目4番 トラスティ麹町ビル2F
	電話：03-5275-2722 [営業]　03-5275-2726 [編集]
	https://www.3anet.co.jp/
印刷・製本	日経印刷 株式会社